CW00690859

Compendium Physicae Electricae

PRÆFATIO AUTORIS.

ARistotelem in quibusdam non sequi, Prudentis est; passim refellere, Impudentis; in singula eius verba jurare, Simplicis & Creduli; passim rejicere & carpere, Invidi est. Cum igitur tanti nunquam nova fecerim, ut antiqua flocci facerem; nec tanti mihi unquam fuerit antiquitas, ut novas interea oderim meditationes; id circo tutissima semper mihi per MEDIUM visa est via, & extremas opiniones ubique fugiendas duxi: cum autem hactenus non occurreret methodicus Autor ac compendiosus, qui vadum hoc, uti nos quidem optabamus, tentasset, adeoque Collegiis nostris privatis aptus esset; statim equidem sub ipsa Professionis meæ Physicæ exordia cogitare cœpi de tali compendio, quod Veterum decreta, in quantum Naturæ respondent, non sperneret, & Recentiorum inventa atque experimenta etiam omnino non haberet insuper; quin utraque temperaret, & utriusque *Philosophiæ*, sub nominibus *Contentiosæ & Experimentalis*, à modernis Philosophis comprehensæ, fundamenta traderet, ita, ut recta Ratio Experimentis præluceret, ubique vero caveretur ab omni asserto, quod cum religione Christiana minus conveniret, aut ipsi etiam Spiritui Sancto loquenti contrarium quid definiret. Ex quo enim docendi in Academiis munere fui defunctus, infinitam illam, aut, si mavis, indefinitam de principiis rerum naturalium litem semper respexi ita,

ut

ut à communi, & in plerisque Germaniæ Academiis, non ſine maturo Principum Imperii conſilio, & gravi Eorum, qui ipſis fuere à latere, deliberatione, per ſtatuta fundamentalia Profeſſoribus injuncta Sententia, publicè recedere nefas duxerim & temerarium: potiusque placuerit illud in omni Scibili verſatiſſimi *Alſtedii* effatum, dicentis: *Uſitata Sententia retinenda eſt, ob id, quia uſitata eſt.* Quorſum & collimat Excell. *Wildeburgius* in illuſtri Helmſtadio Philoſophiæ Profeſſor celeberr. quando in Theſium Philoſophicarum Centuria dicit: *Cornicum oculos configunt, qui, quæ univerſus orbis literatus communi conſenſu ſuſcepit, temere ſpernere atque rejicere audent:* ubi non ſine mente ſuperaddit illud *ly temere.* Etſi enim Vir conſtans non facile mutet Sententiam ſemel ſtabilitam, ut inquit *Thomas Anglus in institut. Peripat.* nemo tamen ſapiens ſententiarum ſuarum adeo tenax eſſe debet, quin, ſi aliud Senſus oſtendant, ratio ſuadeat, & experientia dictitet, veritati cedat. Maximè ſi & ſacræ inſuper Scripturæ teſtimonium accedat. Et mihi certè ſemper ad ſalivam fuit ſententia illorum, qui *res naturales cognoſcendi principia* ſtatuunt SENSUS, RATIONEM, & SACRAM SCRIPTURAM. Etſi enim Scriptura Sacra quà talis non ſit rerum naturalium norma adæquata; cùm tamen ipſe DEUS, Naturæ Conditor, in Scriptura loquens, certiſſimum & infallibile de ſuo opere teſtimonium ferre potuerit, utique Scriptura certitudinem ſuppeditare poterit etiam in rebus naturalibus. Ad quod probandum, vel unius noſtri *Holtermanni* b. m. verba in

sua de Cometis disputatione addu-
cta, attulisse sufficiat, sunt autem
hæc: *Ego ita apud animum meum
statuo, optimum philosophandi genus esse, siquis ex Bibliis petat εἶμα
καὶ τροφήν: ita familiarior erit
nobis hic sacratissimus codex; ita
conjungetur pietas cum eruditione,
& à certissimis initiis assurgemus
ad apicem Philosophiæ solidæ & so-
briæ, quæ est in libro Naturæ: quic-
quid enim scimus, aut per lumen
Naturæ nobis insitum est ex opificio
mundi, aut ex verbo DEI per lumen gratiæ nobis est infusum. Cum
quo concordat etiam quod vulgo dicitur: tria esse artium & Facultatum omnium criteria: Rationem, Experientiam & Sacram
Scripturam.* Hactenus Collega
olim noster celeberrimus: cuius Sententiam cedro & marmore dignam
ambabus, ut dicitur, manibus com-

plexi

plexi sumus. Atque sic nobis enatum est hoc opusculum, quod à principio quidem lectionibus nostris publicis atque Collegiis privatis dicatum, per publicas disputationes successivè publici juris facere decreveram, ut forte tyro aliquis, ad altius indaganda Naturæ Secreta, eò incitari queat. Utere eo feliciter, & Vale.

Σὺν τῷ θεῷ!

SYNOPSIS PHYSICÆ VETERIS-NOVÆ,

PROOEMIUM.

DE

Natura & conſtitutione Phyſicæ.

PRÆCEPTA.

I.

PHyſica eſt ſcientia corporis naturalis, ut eſt naturale.

II.

Partes ejus duæ ſunt: GENERALIS ſive COMMUNIS, quæ Principia & Affectiones omni corpori naturali competentes exponit: SPECIALIS ſive PROPRIA, quæ agit de ſingulis corporum naturalium ſpeciebus.

III.

Et quidam PHYSICA nomen habet ἀπὸ τῆς φύσεως, i. e. à Natura, cujus eſt indagatrix: φύσις verò deducitur ἀπὸ τοῦ φύειν, quod inter alia naſci ſignificat: Illis enim propriè Naturam tribuimus, quæ ex præexiſtente materia orta & nata ſunt, quorum quidem omnium tum Principia, tum Affectiones Phyſica explicat; unde hæc ipſa modò *Naturæ ratio*, modò *Naturæ deſcriptio*, modò *Naturæ explicatio* à Cicerone dicitur.

IV.

Quin & vox Phyſicæ ſumitur *Generaliter & impre-*

 pre-

proprie apud Stoicos pro tota Philosophia Theoretica: i. e. pro tribus illis Scientiis: Metaphysica, Physica propriè sic dicta, & Mathematica simul. Vel *specialiter & proprie* in schola Peripathetica, pro illa tantum Philosophiæ contemplatricis parte, quæ corporis naturalis principia & affectiones considerat.

AXIOMATA.

I.

GEnuinum Physicæ subjectum sive objectum est corpus naturale ut naturale: h. e. *Corpus ex Materia & Forma Naturali compositum*, quod Naturam, tanquam principium internum, quô vel agit, vel patitur; vel movetur, vel cessat, quantum per universalem naturæ legem ipsi licet, in se continet.

II.

Res igitur considerata in Physicis est corpus Naturale; Modus verò considerandi est, ut, seu quatenus est Naturale. Qui modus *generalem corporis notionem, quæ est, quod corpus sit substantia extensa & impenetrabilis*, ad Physicam restringit.

III.

Uti controversiarum physicarum Norma est magnus Naturæ liber, ita nec sacra Scriptura à Physico Christiano est negligenda, utpote multa de rebus naturalibus fine optimo proponens: Adeoque, *quod affirmat Scriptura sacra, id affirmet & Physicus; Quod negat, neget; Quo de verò tacet, neutiquam taceat Physicus.*

IV.

Quemadmodum Physicam esse scientiam propriè dictam, multæ quas illa habet demonstrationes, facilè probant; Ita esse eam simul Scientiam nobilissimam, jucundissimam & utilissimam, nemo sanæ mentis facilè ibit inficias.

V. In-

V.

Inter tres vulgatos res examinandi modos: Synthesin nempe, Analysin & Zetesin, ultimum hunc non in Mathesi modò, sed etiam in Physicis permagni esse usus, res ipsæ probant abundè.

SYNOPSIS PHYSICÆ VETERIS-NOVÆ

PARS GENERALIS, DE CORPORE NATURALI IN GENERE;

SECTIO PRIMA, DE PRINCIPIIS CORPORUM NATURALIUM.

CAPUT I.

De Principiis corporum Naturalium in genere.

PRÆCEPTA.

I.

PRincipia corporis naturalis sunt causæ quæ ad ejus constitutionem & productionem requiruntur.

II.

Suntque duplicia: INTERNA, quæ in suo genere causæ corporis naturalis essentiam seu constitutionem ingrediuntur: ut sunt, *Materia* & *Forma*, quæ junctim considerata constituunt principium rerum naturalium complexum, quod dicitur *Natura*. Vel EXTERNA, quæ extra corporis naturalis essentiam sunt, adeoque constitutionem ejus in suo genere causæ non ingrediuntur: ut sunt *Efficiens* & *Finis*; quorum illud est verum & reale, hoc verò intentionale & metaphoricum.

AXIOMATA.

I.

PRincipia corporis naturalis non fiant aut sint ex sese, nec ex aliis: Sed omnes res naturales fiant ex ipsis. Arist. lib. 1. Phys. cap. 5. Nimirum: *Non sint ex sese*, tanquam ex partibus componentibus; *Nec ex aliis*, aliàs enim essent ex prioribus, atque ita non essent prima, vel principia, sed principiata; denique, *omnes res naturales fiant ex ipsis*: cùm enim principiata ex semetipsis esse nequeant, utique erunt ex aliis; non ex principiatis; Ergò ex principiis.

II.

Principia Interna dant essentiam conjunctim, non verò disjunctim; Siquidem unum illorum insufficiens est, semperque requiruntur ambo: ut enim Hominem non facit anima sola, neque solum corpus; sed anima & corpus simul: Ita de corporibus naturalibus omnibus idem esto judicium.

III.

Privatio malè inter corporis Naturalis principia recensetur; siquidem ea non ullum principii munus exercet, cum nihil sit aliud quam Materia, ut Formâ aliquâ destituitur: Adeoque id fefellisse videtur Philosophos quosdam, quòd abstractis vocibus fuerint usi; siquidem non tam privatio principium est, quàm Materia ut privata est tali Formâ.

Cap. II.

De Materia.

PRÆCEPTA.

I.

Materia est principium corporis naturalis internum ex quo illud constat: Hæc etenim est tota Materiæ natura, ut subjecti habeat rationem; siquidem Materia est id ex quô inexistente fit aliquid: sic Aqua in fonte vel in vase est corpus completum. In Planta Materia est & principium. Sic Elementa in se ipsis spectata non sunt principia, sed res completæ; ubi verò mixti compositionem subeunt, jam Materiæ aut primæ, aut remotæ saltem rationem habent.

II.

Est autem Materia alia prima, alia secunda.

III.

Prima est pura puta & simplex materia, cujus essentiam nulla ingreditur forma: Qualis est in corporibus simplicibus, nempe cælo, astris, atque Elementis.

IV.

Secunda est integrum corpus, cujus essentiam tam forma quàm materia ingreditur: Talis materia est in corporibus mixtis, estque hæc in se una eademque ratione essentiæ, at verò ratione partium minutissimarum & insensibilium, ex quibus unumquodque corpus contexitur, materia est multiplex, atque in partes omne sensus acumen fugientes inenumerabiles distribuitur; quæ acutioribus Philosophis vocantur Atomi, de quibus capite sequenti.

V.

Utraque est vel permanens vel transiens.

VI.

Permanens dicitur, quæ nullâ sui antecedente mutatione est in composito, illudque constituit: Qualis materia est corpus humanum respectu Hominis.

VII.

Transiens est, quæ compositum constituit non sine præviâ sui mutatione, per quam transeat quasi ex priori suo esse in aliud esse: Talis materia est semen respectu animalis, ovum respectu pulli &c.

AXIOMATA.

I.

Dari Materiam primam probatur: Quòd in omni mutatione subjectum esse oporteat omnis mutationis expers, quod est Materia prima; aliàs foret progressus in infinitum.

II.

Illa Materia prima à Deo est creata, non seorsim, sed concreata corporibus.

III.

Hinc *Materia prima*, ut Materia est, seu *respectivè considerata*, est pura potentia, quæ propriam non habet existentiam, & separata ab omni forma non potest existere: *Absolutè* verò & *Metaphysicè* spectata, non quidem est pura potentia, sed propriam habet existentiam: verùm eâ ratione nullo modo est sensibilis, nec propriè ad Physicam considerationem pertinet.

IV.

Materia subtilis Neotericis quibusdam adeo laudata, si benè intelligatur, Platonis, Aristotelis & veterum ferè omnium decretis non est contraria; Siquidem & hi substantiam quandam aëre subtiliorem admisêre, quæ omnis motus esset opifex; quamque ætheris aut ignis nomine donarunt. Videntur ergò Recentiores

tiores ſolum in hoc peccare, quòd, materiam illam eſſe homogeneam & uniusmodi pertendant: Rem enim aliter ſe habere, rationibus evincere eſt facilè; inter quas non ultima eſt hæc, quòd nullâ mentis agitatione conſequi queamus, qui fiat, ut minutiſſimæ hujus materiæ partes duræ ac ſolidæ, cum ex globulis ſint exciſæ, nulla inter ſe vacua ſpatiola intercipiant. Quacunque enim figurâ donentur, inſtar pulveris futuræ ſunt, & nullo modo moveri poterunt, quin vacua ſpatiola intercipiant.

Cap. III.

DE ATOMIS.

PRÆCEPTA.

I.

Atomi ſunt minutiſſima corpuſcula, tantæ parvitatis, ut nullâ naturæ vi amplius dividi poſſint: Adeoque ſunt minima rerum naturalium Elementa, ex quibus illæ, ut primò componuntur, ſic & in ea ultimò vi Naturæ reſolvuntur.

II.

Inter varia, quæ ab Epicureis & aliis priſcis Philoſophis vulgò recenſentur Atomorum genera, præprimis hodiè recepta eſt illa diviſio, quâ Atomi dicuntur vel ſimplices, vel compoſitæ.

III.

Simplices vocamus minutiſſimas partes homogeneas, inſectiles Naturæ, adeoque ſolidas & inflexibiles, ex quibus unumquodque corpus componitur: eæque ſunt vel Igneæ, vel Aëreæ, vel Aqueæ, vel Terreæ.

IV.

Compoſita (quæ alias etiam *minima Naturalia* appelpellari solent,) sunt exiguæ quædam particulæ heterogeneæ & mixtæ, indivisibiles secundum quid, h. e. eâ conditione, ut eadem ipsis forma maneat; etsi divisibiles sint per ultimam disgregationem in Atomos puras, simplices, homogeneas, & usque quoque indivisibiles.

AXIOMATA.

I.

ETsi Atomi simplices (quæ cum minimis aut insensibilibus Cartesii particulis facilè conciliantur:) ita sint insectiles, ut saltem Naturæ viribus dividi non possint, non tamen propterea sunt *puncta*, ut vocant, *mathematica*, omni extensione destituta; Quod si verò eas puncta *Physica* suis figuris circumscripta, dicere quis velit, huic non contradicemus: sunt enim Atomi hæ certò, si minus insectiles, saltem indivisæ.

II.

Quòd ejusmodi corpora insectilia, ut prima materies, rebus omnibus corporeis subjiciantur, vel inde patet: quòd, cùm omnia sensibilia dissolvi & dividi possint, neque tamen Natura in infinitum progrediatur, omninò sistendum erit in Atomis simplicibus; quæ, cùm solidæ & continuæ supponantur à Democrito & Epicuro, adeoque non ullos admittant poros, nullum divisioni aut sectioni locum præbent: Res enim quasque eatenus esse divisioni obnoxias, quatenus inania intercipiunt spatiola, apud Physicos constat.

III.

Nullum igitur est corpus adeò tenue aut liquidum, quod non ex solidis atomis compingatur.

IV.

Quin & Atomorum existentiam ipsa Experientia probat: cùm enim fumus spargitur in aërem, ita ut mox fiat inconspicuus, non sanè annihilatur, sed in atomos disper-

dispergitur. Pulverem in vestibus & libris sæpè spectamus omnes , licet quando istis fuerit adspersus, viderit nullus. Eundem etiam è vestibus & libris dum excutimus, in atomos dispellimus. Farinam & calcem in innumeros atomorum myriadas dispergi, quis unquam negare fuit ausus? Et cùm vinum aquâ diluitur, ut nullibi vinum purum , nullibi etiam aqua pura deprehendatur, quid nisi atomorum ibi facta fuit conjunctio? Et quid causæ subest, quòd, cepas & raphanos qui secant, morsus oculorum sentiant? Quòd canes vestigia heri à vestigiis peregrini discernant? Si non atomi.

V.

Neque incongruè insuper in Atomorum structura Figuram, Situm, Ordinem, Magnitudinem & Motum, prisci æquè ac recentes distinxerunt Philosophi, & inter eos præprimis Moclus Phænicius, Empedocles, Leucippus, Democritus, Anaxagoras, Plato, Aristoteles, Galenus, Scaliger, Basso, Sennertus, Boyle & alii.

VI.

Ut autem innumeras Atomorum esse Figuras, negari vix poterit, sitque cuivis atomo sua; Ita, quòd Igneæ censentur sphæricæ; Terreæ cubicæ; Aqueæ oblongæ & flexiles; iisque magis adhuc tales Aëreæ, utpote tenuiores & minores ; vel, quod quædam sint læves, aliæ asperæ; quædam velut hamis & uncis instructæ, ut olim finxêre Epicurei, atque inde corporum duritiem ac firmitatem demonstrarunt: id omne in conjecturis positum videtur. De compositarum autem figura verosimile est, eas hujusmodi figuris addictas esse, quas majora quæque corpora constanti Naturæ lege tuentur.

VII.

Ut atomi reverà multarum mutationum in Natura causæ sunt, ita & Generationum & Corruptionum causas esse in Atomis, clarum est. Quin &, cùm Atomorum plenus sit aër, plena aqua, plena terra, totusque Mundus nil nisi Atomorum domicilium; Quidni genuinam Mistionis naturam non nisi in Atomorum congregatione subsistere dicamus liberè?

VIII.

Sic & plerarumque *Sympathiarum* & *Antipathiarum* causas non aliud quid inferre, præter Atomorum vel minimorum Naturalium inter se consensum aut dissensum, ob mutuam Naturæ ipsorum concordiam vel discordiam, ac convenientem vel inconvenientem dispositionem & configurationem, rationi æquè ac experientiæ consentaneum existimamus.

IX.

Tanto minus Atomorum doctrinam Scripturæ sacræ contrariam esse judicamus, quòd nullibi hanc illam rejicere, nullibi damnare observamus.

CAP. IV.

DE FORMA.

PRÆCEPTA.

I.

FOrma *naturalis* est principium internum, per quod Materia perficitur, & corpus naturale in certo esse constituitur.

II.

Ea est (1) vel *Generica*, quæ speciem non constituit, magisque materiæ quam formæ rationem habet; ut forma Elementorum in mixtis. Vel *specifica*, quæ speciem constituit, certarumque affectionum & effectionum causa existit: ut forma Hominis, Equi, Auri &c. (2) Vel *Immaterialis*, quæ aliquando à materia non dependet;

pendet; ut Anima rationalis: vel *Materialis*, quæ semper à materia dependet, ut reliquæ omnes, quæ, cùm revera nihil aliud sint, quàm subtilior compositi pars, ac quasi flos totius reliquæ materiæ; seu, per totam corporis molem diffusus subtilissimus quidam & quasi æthereus spiritus, utique est & erit substantia.

AXIOMATA.

I.

QUòd in compositis Naturalibus detur *Forma Essentialis*, realiter distincta à Materia, nemo facilè in dubium vocabit, qui cogitat (1) singulis rebus naturalibus, proprias & peculiares operationes convenire, quæ non oriuntur à Materia, utpote quæ omnibus est eadem. Ergò à Forma. Etenim negari non potest, esse in unaquaque re unum quoddam præcipuum, in quo illius rei natura potissimum emineat, quodque in re maximè dominetur: Quod demum meritò forma dici possit. (2) Nisi darentur Formæ essentiales, composita naturalia non different essentialiter & specie; cùm in Materia conveniant. Id quod vel ab ipsis artificialibus ex parte patet: si enim ex una eademque ceræ massa conficiatur primùm canis, deinde leo, ibi certè primum artificiatum, nempe canis, ab altero per materiam non distinguetur, quia eadem numero est ceræ massa, tùm quæ prius fuit in cane, cùm quæ postmodum in leone: distinguitur igitur canis talis, à leone tali, per formam aliquam artificialem. (3) Cùm res naturales sint composita Essentialia, necessariò præter Materiam alia adhuc requiretur pars essentialis componens, quæ est Forma.

II.

Major lis agitata est olim inter Philosophos, & agitatur adhuc hodiè inter recentiores de eo: *An For-*

ma-

ma illa Essentiales in omnibus corporibus naturalibus sint entia quædam absoluta, quæ de novo procreantur? ut vulgò sentitur: *An potius nihil sint, nisi complexio qualitatum & proprietatum, quatenus idem esse tribuunt, & ad certas operationes conspirant*: ut visum est Alexandro Aphrodisæo, vetustissimo Aristotelis interpreti; multisque id hodiè placet neotericis, quorum aliqui vel ex ipso Aristotele, qui passim Formam, rationem substantiæ vocat, hoc ipsum probare nituntur.

III.

Nos, ut, dari Formas substantiales in rebus naturalibus, vix solidè negari posse, jam probavimus supra: Ita huc porrò notandum censemus, quòd ea sit forma substantialis, per quam corpus *essentialiter & specificè* ab omnibus aliis distinguitur: siquidem in materia cuncta conveniunt, per formas autem inter se discrepant; quæ formæ si essent accidentales, speciem subjecti non mutarent, nullum enim accidens essentialem differentiam inducit: ut, cum ferrum ex frigido fit calidum, idem est specie, quod antea: per formam verò substantialem est ferrum; eaque speciem illi & characterem tribuit. Imò si nulla esset forma substantialis, nihil esset discriminis inter generationem & alterationem, nunquam enim nova substantia gigneretur, sed quæ jam erat, accidentariam duntaxat mutationem subiret: quod omninò absurdum & experientiæ contrarium videtur.

IV.

Ulteriùs in antecessum monemus: (1) Tutius fortean & rectius Formam dici *substantialem*, quam *substantiam*: quòd nulla seorsim existere, aut per se subsistere valeat, exceptâ solâ Anima rationali: (2) Formas Materiales rectè dici corporeas, quia pendent â materia; non tamen propterea absolute esse corpora, cùm

cùm corpus conſtet ex Materia & Forma ſimul conjunctis.

V.

Quod autem rem ipſam ſpectat: uti, Formam Hominis eſſe ſubſtantiam, nemo negaverit, quòd Anima rationalis apertè à Materia diſtinguatur; per ſe exiſtere & operari valeat; nec in certa Elementorum proportione aut ratione poſita ſit: Ita credibilius etiam videtur eſſe, Formas ſubſtantiales in reliquis viventibus eſſe Entitates quasdam abſolutas, non reſpectivas duntaxat: cùm, etſi ſint corporeæ, propius tamen videantur accedere ad Animam rationalem, ſi modum agendi conſideres, quàm ad ſimplices qualitates: Quòd ſint facultatum & actionum principia, quæ nec ſimplici materiæ, nec qualitati tribui poſſunt, uti pluribus patebit, quando de viventibus agetur. Adeoque etſi cuncta quæ ad formam abſolutam pertinent explicari facilè non poſſint, quòd ea non ſub ſenſus cadat, nec à nobis cognoſcatur niſi ex effectibus, qui manifeſtè à ſolis elementis oriri non poſſunt; eam tamen eſſe ſubſtantialem affirmare poſſumus. Cæteras verò, corporum nempe vitæ expertium & mixtorum, Formas ſubſtantiales, quod attinet; ſi fortean eſſe eas duntaxat Entia reſpectiva, quæ ex variis proprietatibus ad certas operationes diſponentibus emergunt, quiſpiam inferre vellet, hoc ipſum vel unicum auri exemplum probabile reddere poſſet; cujus qualitates, ubi peritus faber aurarius in corpus aliquod convenire viderit, non dubitabit quin verum ſit aurum, nec ſolicitus erit, an alia in eo ſit forma quædam abſoluta: unde etiam non reprehendendum conſilium eorum, qui per corpuſcula & minutiſſimas partes naturæ artificia, varietatem rerum, motus & effectus potius, quam per formas ſubſtantiales aut qualitates, quæ non ſunt adeò intellectu faciles,

les explicare moliuntur, dum modò id possint: Siquidem ubi Elementorum & corporum vitæ expertium vires sunt velut oculis subjiciendæ, hoc philosophandi genus fortè locum habere potest: sed ubi ad viventium & animalium functiones & structuram ventum est, illæ rationes mechanicæ & similitudines ex machinis desumtæ, ferè nos deserunt, & ad principia plerumque Metaphysica, quæ nec sensu nec imaginatione consequimur, sed intellectu utcumque attingimus, confugere cogimur.

VI.

Porrò huc notentur *Formarum Gradus*, juxta quos (1) quædam Formæ dant solùm esse: ut sunt Formæ corporum inanimatorum. (2) Quædam dant esse & vivere: ut formæ plantarum. (3) Quædam dant esse, vivere & sentire: ut formæ animalium brutorum. (4) Quædam dant *esse, vivere, sentire, & intelligere*, ut forma hominis sola.

VII.

Positâ Formâ Specificâ, ponuntur tria, nempe *Esse rei, Distinctio* & *Operatio*, eaque omnia specifica. Sic ut in cultro acies quâ secat, est veluti illius forma, quam si sustuleris, cultri essentia perit: Ita & in viventibus pars illa quæ corpus regit, cuique reliquæ partes famulantur, forma dicitur; eaque partes conformat & tuetur, eas in sui obsequium trahit, suasque tandem habet proprias leges ab Authore Naturæ impressas.

VIII.

Traductio Formarum in Natura constituta, respondet Libro Naturæ, Scripturæ & Rationi.

IX.

Quòd duplex in formis deprehendatur actus, Entitativus nempe, & Formalis, hinc est quòd Formæ nunc latere nunc patere dicantur.

X. Nec

X.

Nec tantum formæ sustinent partes *Formæ naturales*, sed etiam *efficientis* interdum tuentur vices, id quod omnes corporum naturalium operationes docent: Quis enim pueris circa septimum ætatis annum format dentes? Quis avibus fingit, pingitque pennas? Quis in arboribus progenerat folia, flores, fructus? Forma, & non Materia.

XI.

Unius rei non nisi una est forma: subintellige Specifica; plures tamen Genericæ in una re quin sint, nil impedit: sic Eqvus unam habet formam Specificam, nec tamen in eo negatur forma Ignis, Aëris, Aquæ, Terræ &c.

XII.

Forma Immaterialis est tota in toto, & tota in qualibet parte compositi; Materiales verò formæ minimè, utpote extensæ & divisibiles.

XIII.

Formas Materiales in corporum interitu verè annihilari, videtur contradicere earum bonitati ab ipso Conditore commendatæ Gen. 1. vers. 31. Credibilius ergò, eas, destructo animali, aut composito, in minutas atomos dissipari, neque amplius Formæ rationem habere.

CAP. V.

DE NATVRA.

PRÆCEPTA.

I.

NAtura est primum istud uniuscujusque rei principium internum & essentiale, à Deo dependens, quô

quô corpora & composita naturalia in suo esse constituuntur, atque substantiis, actionibus & passionibus, quæ ipsis ab intrinseco conveniunt.

II.

Differt ergò ab Arte, quòd Natura sit rei intima substantia, eaque fæcunda, quæ aliam consimilem procreat: Ars verò sit rei ipsi extraria, quæ illius superficiem tantum, non penetralia ipsa pervadit; formam accidentariam, non rei substantiam efficit; cujus demum opus sterile est. Ars quippe imagines duntaxat, non res ipsas efficit; dirigit tantummodò, non quidquam generat.

III.

Naturæ verò vocabulum est valdè ambiguum, sumiturque (1) pro *Natura Naturante*, scil. Deo & Mente divinâ, rerum omnium opifice & parente. (2) pro *Natura Naturata*, h. e. pro causis secundis naturalibus: Quô sensu dicitur: Deum & Naturam nihil facere frustrà. (3) pro *Essentia rei*: Atque sic communiter dicitur: Definitionem explicare Naturam rei. (4) pro *Temperamento*: Quo sensu dicitur, Petrus v. g. esse hujus vel illius naturæ, vel temperamenti. (5) pro tota rerum universitate seu *Mundo*: Quo sensu res dicuntur esse vel non esse in Rerum Natura. (6) *propriè* pro Principio sive totali sive partiali interno actionum quæ exercentur à corporibus naturalibus; quæ acceptio est hujus loci.

AXIOMATA.

I.

SI Natura senesceret, viresque rerum languescerent, expectandus esset Mundi interitus non supernaturalis & miraculosus, sed naturalis. Quod absurdum.

2. Con-

II.

Contra Naturam Deus nihil agit: sunt enim Deus & Natura, subordinata, non opposita.

III.

Natura non facit saltum; ubique enim procedit gradatim, ab imperfecto ad perfectum tendens.

IV.

Natura non deficit in necessariis, quin suum cuique tribuit, proportione tamen non arithmeticâ, sed geometricâ.

V.

Natura, sui cùm est juris, nec ab aliis impeditur causis, semper facit id quod est optimum in suo genere.

VI.

Natura nihil agit frustra, sed semper propter finem: id quod Aristoteles contra Empedoclem fusè prosequitur, asserens: Naturam semper eodem modo, eoque quàm optimo & constantissimo operari; suo semper itinere progredi, artificiosè & ratione cuncta efficere; nihil temerè moliri: Contra, quæ casu fiunt, nec constanter, nec benè, nec ratione & artificio, sed confusè omnia & temerè evenire. Quamobrem, vim illam quæ tam artificiosè cuncta efficit & regit, cujus solertiam nulla ars, nulla manus, nemo opifex consequi potest imitando, non esse expertem rationis atque ordinis, sed in finem quæque suum ordinare & dirigere, concludit.

VII.

Natura perpetuitatem rebus præstat: si non in individuis, ut quæ quotidiè pereunt; saltem in conservatione speciei, per productionem individuorum successivam. Quæ erit quamdiu natura erit.

VIII.

Natura abhorret ab infinito: dum enim terminum

num quærit, & definitos unicuique rei limites præscribit, processus in infinitum necessariò fugit.

IX.

Natura nunquam est otiosa, sed in perpetuo motu, atque adeò operatur, quamdiu & quantum potest.

X.

Natura studet compendio, adeoque, quæ possunt fieri per pauciora naturaliter nunquam fiunt per plura.

XI.

Meliora sunt quæ Naturâ, quàm illa quæ Arte perficiuntur: Ars enim imitatur Naturam non verò adæquat.

Cap. VI.

DE EFFICIENTE

PRÆCEPTA.

I.

Efficiens Physicum est principium externum à quo corpus naturale producitur: Sic à parentibus producitur filius, à Deo Mundus.

II.

Estque (1) vel *primum*, quod est omnium universalissima & generalissima causa ad quarumcunque secundarum causarum effectiones immediatè semper concurrens: Qualis est Deus Optimus Maximus: vel *secundum*, quod in agendo à primo dependet: Estque iterum vel *universale*, quod ad unum & certum corpus naturale producendum determinatum non est: ut influxus aut influentia cœlestis; vel *particulare*, quod ad unum & certum corpus naturale producendum determinatum est: Sic homo tantum hominem, non lapidem, non arborem, non equum generat; similiterque agit unaquæque causa in ordine rerum productarum.

(2) vel

) vel *univocum*, quod producit effectum sibi in spe-
similem: ut homo generans hominem: vel *aequivo-*
s, quod producit effectum sibi in specie dissimilem:
Sol producit aurum.

AXIOMATA.

Tsi quibusdam Recentioribus non displiceat antiqua illa Arabum sententia, quâ crediderunt, nullam
causam effectricem præter primam: Nos tamen,
sas secundas verè agere,& aliarum rerum esse effe-
ces, concludimus ex eo, quòd non tantùm in mul-
cripturæ locis, actio tribuatur causis secundis, cu-
nodi est illud Genes. 1. Germinet terra herbam vi-
tem facientem semen: sed quod insuper, ignem ca-
cere; Solem illuminare; arbores fructus effundere;
nalia ex similibus procreari,& corpora ab ali.s move-
nemo inficiari possit, nisi omnem experientiam, &
uum testimonia adspernetur. Addo: quòd nihil mihi
ius esse possit, quàm me cognoscere, dubitare, a-
e, & alios actus vitales exercere, qui aliunde oriri
possunt, quàm à principio vitali. Ergò non so-
causa prima, sed & secundæ verè agunt. Et quæ-
quorsum in viventibus tantus organorum apparatus,
ihil agunt : si nihil visu, nihil auditu percipiunt;
gestos cibos non digerunt, si sui similia non pro-
ant? Nihil profectò inter res vitæ compotes,& eas
e sunt inanimatæ, erit discriminis, si Deus solus ad
æ rei præsentiam operetur; si cuncta efficiat, nihil
aturæ agendum relinquat. Quæ profectò nec com-
nis omnium sensus, nec institutus naturæ ordo, nec
erientia ipsa comprobant. Indeque videtur esse ,
od viri magni optant, Philosophiam illam corpu-
larem dictam neotericis quibusdam, non soli mate-
aut motui impresso incredibilem illam naturæ varie-

 tatem

tatem, specierum distinctionem, structuræque art
cium attribuisse: Quòd sic videatur Deum ut mo
rem potiùs & creatorem, quàm ut eximium artifice
qui cuncta juxta ideas mente conceptas efficiat, nc
exhibere.

II.

Atque sic etiam effectum determinat causa pa
cularis non universalis; Agitque cum omnibus D
ac cœlum, communique favore hæc juvant ortum c
nium: Quòd verò hæc nascatur species, & non il
speciali & particulari fluit causa.

III.

Effectus causâ suâ nobilior non est: Quicc
enim habet, ab hac habet, unde ergò major illa nc
litas? Hinc accidens substantiæ causa non est: Hæ
nim illô longè nobilior. Nec cœlum causa anim
rum & viventium est: omne enim animatum pra
inanimato; omne vivum non vivente.

Cap. VII.

DE FINE.

PRÆCEPTA.

I.

Finis est principium Externum, cujus gratiâ res
turales sunt: adeoque se habet ad efficiens, u
rei quæ appetitur, ὡς ὀρεκτόν τι, movetque ipsam cau
efficientem μεταφορικῶς, & per translationem, ut
moraliter tantùm imputetur res naturalis effecta.

II.

Fit ergò consideratio finis in Physica vel secun
Intentionem, idque per se: vel secundum Aberra
nem, idque per accidens.

III. Qu

Quantum ad *Intentionem*, res naturales agunt
›pter finem tripliciter: (1) Quatenus eum omninò
n cognoscunt: ut inanimata & vegetativa. (2) Qua-
us eum cognoscunt materialiter tantùm, non forma-
r, ut est finis: ut Bruta animantia. 3. Quatenus
'a formaliter etiam cognoscunt prout est finis: ut
›mines. Atque inter hæc, duo priora dicuntur
re propter finem, quatenus simpliciter à superiore
jua causa ad eum diriguntur. Non item Homines,
liberè agunt, & destinatâ voluntate.

IV.

Sic ergò consideratus finis duplex est: *universalis*:
ii est ordo universi & συμμετρία partium omnium
us inter se: Et *particularis*: Qui est, ut singulæ
cies in suo genere conserventur distinctæ, suasque
eque operationes edant.

V.

Finis quoad *Aberrationem* apparet in monstro-
naturæ partibus, seu Monstris, quæ nempe fiunt
accidens, præter intentionem agentis, aberrantis à
› proposito.

AXIOMATA.

I.

Quemadmodum nemini id dubium est, quin Homo
& agens omne dianoëticum propter finem ope-
ur, idque modô perfectissimô: Ita ne illud quidem
iciari quis poterit, res sensus expertes in finem præ-
tutum ab authore naturæ, ut sagittam in scopum à Sa-
tario dirigi, adeoque non temerè & fortuitò agere.
uod melioris notæ Philosophi, contra Empedoclem
Epicurum variis argumentis demonstrarunt.

II.

Rectius itaque, res cognitionis expertes agi & dirigi

rigi in finem ab Authore Naturæ præstitutum, quàm gere propter finem, dicemus, cum S. Thoma, aliisque

III.

Nec rebus his tribuendam censemus appetitione quandam naturalem aut inclinationem ; nisi id fo fiat metaphoricè & ad vulgi captum occommodatè.

IV.

Bestiæ, etsi fortè agant propter finem etiam form liter ; fit tamen hoc admodum imperfectè.

Cap. IIX.

DE MONSTRO.

PRÆCEPTA.

I.

Monstrum est effectus naturalis, à deficiente ca sa productus, cum deformitate quadam notab ab origine toti speciei extranea.

II.

Causa Monstri est vel indispositio Materiæ; abundantia aut defectus virtutis activæ; vel actio ca sæ alicujus extraneæ, primariam actionem impe entis.

III.

Est autem Monstrum aliud *plenum*, h.e. tale qu speciem mutat: ut Mulus, Hircocervus, Leopard Aliud *affectum*, h.e. tale quod speciem servat: ut Bice Monoculus, Hermaphroditus.

AXIOMA.

Monstrum à Natura non intenditur: Est enim h pulchritudinis amans.

Sectio Secunda
DE
AFFECTIONIBUS CORPORIS NATURALIS.
Cap. I.
DE AFFECTIONIBUS IN GENERE.
PRÆCEPTA.
I.

AFfectiones corporis naturalis sunt accidentia propria, quæ ex constitutiva illius essentia, vel ejusdem constitutivis principiis fluunt.

II.

Suntque (1) vel *Materiales*, quæ sequuntur Materiam; ut Quantitas, Locus, Tempus: hæc enim insunt corpori quatenus materiatum est. Vel *Formales*, quæ sequuntur Formam: ut Qualitas, Motus & Quies: quæ insunt corpori quatenus formatum est. (2) vel *Unitæ*, quæ simpliciter & solitariè de corpore naturali dicuntur: ut Quantitas, Qualitas, Locus & Tempus: vel *Disjunctæ*, quæ conjunctim de corpore naturali dicuntur: ut Motus & Quies: Non enim omne corpus naturale motum habet, nec omne quietem, sed quædam motum, quædam quietem, quædam utrumque: Sic moventur sidera, quiescit terra, moventur aut quiescunt animalia. (3) vel *Intrinsecæ*, quæ ex natura corporis prodeunt, eique inhærent: ut Quantitas, Qualitas, Motus & Quies: vel *Extrinsecæ*, quæ corpori naturali adhærent, illudque extrinsecus saltem comitantur; ut Locus & Tempus.

AXIOMA.

CUm Affectiones sint accidentia propria, de subjecto quoque dicuntur reciprocè: Cumque Naturam insequantur, Artificialibus propriè non competunt: Mensæ ergo, scamno, aliisque artificialibus cùm tribuantur, non jam porrò res Artis, sed Naturæ ponderanda, utraque enim in rebus artificialibus adest, prostatque naturæ opus, prostat etiam artis opus; adeoque Mensa dicitur quanta, dicitur qualis, non ut mensa, sed ut lignea, lapidea, aut alia: Non πρώτως sed δευτέρως.

CAP. II.

DE QVANTITATE.

PRÆCEPTA.

I.

QUantitas est affectio corporis naturalis intrinseca, quâ illud est extensum, aptumque ad operationes debitas perficiendum; ut Quantitas cœli, Solis, Lunæ &c.

II.

Limitatur autem omnis quantitas (1) *Figura*, quæ est extrinseca species corporis, ex lineis orta, diciturque illud inde pulchrum vel deforme. Eaque iterum est vel *constans*, ut in solidis corporibus: vel *diffluens* ut in corporibus fluidis. (2) *Finitate*, quæ est terminus quantitatis, quâ corpus est & dicitur finitum, indeque in natura constituitur Maximum & Minimum, idque in natura universa, aut in suo genere. (3) *Impenetrabilitate*: Siquidem quantitas excludit omnem corporum, etiam minimorum, penetrationem; utut in poris corporum varia sit receptio & transitus.

III.

Quoad divisionem: Quantitas alia est *continua*, in qua partes non sunt ab invicem separatæ: ut in stellis, aqua &c. Quæ iterum est vel *permanens*, quæ habet

bet partes simul existentes: ut Linea, superficies & corpus mathematicum, vel *successiva*, quæ habet partes, quarum una existit post aliam, ut Tempus & Motus. Alia *contigua*, in qua partes ab invicem separatæ se mutuò contingunt: Talis quantitas est in cœlo, aere, terra, meteoris &c.

AXIOMATA.

I.

UTi Physicus non agit de Quantitate *virtutis*, sed de quantitate *molis*, ita nec quantum potest dividi in infinitum, physicè, nec datur penetratio dimensionum etsi corpus corpori cedendo sæpè transitum concedat in natura: v. g. quando aerem vel aquam transimus. Quod autem alii de Quantitate *Interna* & *Externa*, eamque concomitante Extensione commentantur, altioris indaginis res est.

II.

Partes continui non per modum, qui sit entitas quædam superveniens, sed per se ipsas uniuntur.

III.

Quô autem modô tam arcta cohæsio inter partes minimas fieri possit, cùm explicatu non sit facile, quod sensus ipsi in tam minutis particulis nos deserant; fortean non adeò incongruè Epicurei in hoc negotio ad atomos hamatas confugiendum censent.

CAP. III.

DE LOCO VBI SIMVL DE VACVO.

PRÆCEPTA.

I.

LOcus est actio corporis naturalis extrinseca, quâ illu-

illud occupat suum ubi, seu spatium, longum, latum & profundum.

II.

Estque alius *Naturalis*, ad quem locatum suâ naturâ fertur, inque eo naturaliter quiescit ac conservatur; ut, sursum est locus naturalis levium; deorsum est locus naturalis gravium: v. g. Terra respectu lapidis, Atque hoc significatu opponitur ei *Violentus*: Qui est locus, ad quem corpora naturaliter non feruntur, neque naturaliter in eo quiescunt; v. g. Aër, respectu lapidis in altum projecti; aut aqua respectu vesicæ aëre repletæ & infra aquam depressæ. Vel, Locus Naturalis dicitur quilibet non se habens ut vas, aut instrumentum artefactum: Et sub hoc significatu ei opponitur *Artificialis*: Qui est vas aut aliud instrumentum artefactum, ad continendam rem aliquam: v. g. Dolium, respectu vini. Alius est *Communis*, qui plura simul corpora, sed non primariò & immediatè complectitur: ut Musæum: cui opponitur *Proprius*, qui unum tantùm corpus primò & immediatè ambit: ut superficies aëris proximè ambientis Petrum, dicitur locus externus proprius Petri, uti spatium quod occupatur à Petro, dicitur locus internus proprius Petri.

III.

Est enim Locus *Externus*, superficies concava unius corporis ambientis alterum: v. g. superficies aëris proximè ambientis hominem; superficies aquæ, proximè ambientis piscem, dicitur locus eorum externus, quia est extra corpora contenta. Atque hoc sensu dici potest cœlum extimum (quod vulgò cœli aquei, seu aquarum supracœlestium nomine venit,) non esse in loco externo, quia à nullo alio corpore, aut superficie corporis ambitur. *Internus* verò locus est ille, qui est in corpore, aut, in quo est corpus; vulgoque definitur

per

per spatium corpore repletum: Quo sensu, cœlum extimum & omnia corpora sunt in loco interno, quia omne corpus occupat aliquod spatium, unde scitè dixit Augustinus: Tolle spatia in corporibus & nullibi erunt: si nullibi erunt, non erunt.

IV.

Est insuper alius locus *Totalis* seu *Adæquatus*, qui dicitur ille, qui totum locatum continet; Sic superficies aëris ambientis totum Petrum, dicitur locus externus totalis ipsius, & totum illud spatium quod occupatur à Petro, dicitur locus internus illius totalis. Alius *Partialis* seu *Inadæquatus*, qui dicitur ille, qui partem tantùm locati continet: Sic homo partim in aqua, partim in aëre constitutus, dicitur esse in duobus locis partialibus: Et pars spatii quæ occupatur ab una parte corporis, est locus partialis corporis.

V.

Conditiones loci vulgò recensentur tres: (1) *Æqualitas cum locato*: Si enim locato major esset, non solum locatum caperet; sin minor, non totum locatum reciperet. Ut ergò in locato tres sunt dimensiones, ita etiam in loco eædem sint, necessum est. (2) *Immobilitas:* Si enim locus moveretur, locatum locum non mutaret, neque unum alteri in loco succederet. (3) *Permanentia* etiam sublatâ re: pereunt quippe locata salvô locô.

IV.

Dicitur autem aliquid esse in loco, triplici modo: vel *circumscriptivè*: sic corpora sunt in loco: vel *definitivè*: sic Angeli dicuntur esse in loco: vel *repletivè*: quô modô in loco esse dicitur Deus.

VII.

Oppositum loci est *Vacuum*, quod definitur: Vacuum est locus non repletus corpore, sed aptus repleri

VIII.

Sumitur autem vulgò nomen Vacui vel Negativè, vel Privativè: Adeoque vacuum *Negativum* est pura negatio, atque omninò Nihil; Quale Vacuum, ante mundum conditum, etiam extra cœlum imaginamur. *Privativum* verò est, quod quidem in se non habet corpus, dicit tamen respectum ad id recipiendum; & hoc est illud de quo disputant Physici.

AXIOMATA.

I.

LOci rationem consistere in spatio, facilè concluditur ex eo, quòd spatio omnes loci conditiones conveniant: spatium enim est æquale locato, quia trinis dimensionibus constat: spatium est immobile, quia sive agitetur aër sive non, spatium semper manet. Spatium non interit nec aboletur, quamvis res quæ in eo sunt, aboleantur.

II.

Ubi, seu esse in loco, non addit rei ipsi, quæ est in loco, modum aliquem positivum, sed denominationem tantùm extrinsecam: Quin omnes species aut differentiæ loci nihil sunt præter denominationes extrinsecas: ut sursum, deorsum, dextrorsum, sinistrorsum: Et res eadem quæ erat dextra, citra sui mutationem fit sinistra, cùm fit mutatio aliqua extrinseca; Adeoque locatum in genere nihil est aliud quàm res ipsa cui extrinseca denominatio accedit. Hinc res quæ antea erat in potentia ut esset in tali loco, citra sui mutationem intrinsecam hoc vel illud corpus excipit: ut, vas modò plenum est aquâ, modò vacuum.

III.

Etsi Natura per se vacuum non horreat, neque id absolutè sit impossibile, positivè tamen in natura non datur:

datur: Quia formæ particulares, ut aliàs sunt rerum naturalium effectrices, ita nunc etiam ex se partium omnium arctam consensionem atque corporum superiorum cum inferioribus connexionem efficiunt & tuentur.

IV.

Absit tamen dicamus: Vacuum ne à Deo quidem præpotenti induci posse: cùm vel ipsa illa hypothesis, quæ materiam Mundi præsupponit fuisse uniusmodi, ac postea divisam in partes ferè cubicas: citra inane dispersum intelligi vix possit; Ecquid enim fissuras implebat, cùm nondum præstò esset Materia subtilis?

CAP. IV.

DE TEMPORE.

PRÆCEPTA.

I.

TEmpus est affectio corporis naturalis extrinseca quâ ejus duratio, seu continuatus existendi tractus mensuratur.

II.

Estque (1) Aliud *Internum*, quod est intrinsec quædam mensura existentiæ & successionis, in corpo naturali quocunque, ab ipso ortu ad finem sive positi vè sive negativè intellectum fluens. Aliud *Externum* Quod est mensura existentiæ motus & quietis in corpore naturali secundum præteritum, præsens & futurum facta in corpore naturali ab aliquo altero, quod extr ipsum mensuratum est. Atque hoc tempus externun iterum est vel *Primarium* & absolutè physicum, quo dependet à motu cælesti, ut vulgò dici solet, quô sc imprimis, tum & reliquà sidera suo motu, inferiorur

cor

corporum in duratione successionem seu existentiam mensurant & distinguunt. Vel, *Secundarium*, estque tantum suppositititium tempus, quod extrinsecus solummodò dependet ab intervallo motuum qualiumcunque in ipsis corporibus cælestibus: verùm non propter hæc ipsa, sed propter aliquid ipsis extraneum: quale est tempus quod à rebus artefactis mensuratur, ut horologiis, clepsydris, clepsamydris &c. (2) Aliud *Præteritum* quod fuit. Aliud *Præsens*, quod est. Aliud *Futurum*, quod erit. (3) Tempus dividitur in Secula, Annos, Menses, Dies, Horas; quæ non sunt species temporis propriè dictæ, eò quod una illarum partium constituat aliam: (Anni enim constituunt seculum; menses annos, &c.) sed est divisio totius integralis, in partes integrales. De quibus plura Astronomi.

III.

Cognata Temporis sunt: (1) *Ævum*, quo res aliqua principium suæ productionis habet, sed Termino aut Fine caret: idque convenit Angelis & Animabus separatis. (2) *Æternitas*, seu duratio illa, quâ ens suæ existentiæ caret termino & à parte ante & à parte post: sive, ut nunquam incepit, ita nunquam desinet: Et hæc soli competit Deo, qui Physicæ considerationis non est.

AXIOMATA.

I.

Datur minimũ in tempore multitudine, non magnitudine.

II.

Etsi Tempus nihil sit aliud, quàm motus dinumeratus, seu, per partes quæ sibi mutuò succedunt, distinctè cognitus, nullæ tamen sunt propriè partes in tempore, si abstractæ, quas, ut libitum est, aut indivisibiles, aut

in

in infinitum sectiles licet concipere: Adeò ut tempus revera sit compositum quoddam Mathematicum, non Physicum: Quod quidem bene intellectum graves, & alioqui penè insolubiles quæstiones secat; quas prava illa philosophandi ratio, quæ mentis ideas in res ipsas transferre solet & cum iis confundere, ut inextricabiles relinquit.

III.

Eandem ferè Temporis esse rationem, quæ Motus, vel ex eo clarum est, quòd non solum Motus Tempore metiatur, sed & Tempus Motu: utque Motus non numero sed specie unus redit idemque, sic & Tempus idem.

IV.

Non tamen Tempus dicitur Velox aut Tardum, sed Multum & Paucum, Longum & Breve.

CAP. V.

DE QUALITATE.

PRÆCEPTA.

I.

QUalitas est affectio corporis naturalis intrinseca, quâ illud potens est ad agendum vel patiendum: sic ignis urit, aqua humectat, non quidem immediatè aut per substantiam, sed per qualitates, caliditatem, humiditatem; comburitur lignum, absumitur oleum, morbisque corripiuntur animalia, non tam ob substantias, quàm propter qualitates insitas: Adeò ubique per qualitates fiunt & actiones & passiones.

II.

Est autem qualitas alia *Manifesta*, cujus ratio nobis

bis cognita est: Eaque iterum est vel *Actuosa*, quæ propriè qualitas appellatur, & ex motu profluit, atque cum effluxu substantiali plerumque est conjuncta: vel *Iners*, quæ nil quicquam efficit: cujusmodi qualitates potius sunt substantiæ quidam Modi, quam veræ qualitates. Alia *occulta*, cujus vera ratio nos latet, adeoque effectibus magis quàm ratione dignoscitur.

AXIOMATA.

I.

QUemadmodum qualitates plurimæ ex substantiali forma, aut ex intima rei essentia non profluunt, ita earum nonnullæ à vulgatis istis Elementis, quædam etiam à principiis chymicis oriuntur: Quæ verò sunt rerum vitæ expertium, earum plurimæ per mechanicas affectiones satis commodè explicantur, atque ex iis, velut primis principiis ducuntur.

II.

Tantum tamen abest, ut Figuram, Situm & alias affectiones, principia, aut Formæ effectrices esse concedamus; ut ne quidem eas, (si motum exceperis,) inter qualitates Activas locum habere credamus: Imò, ne Qualitates quidem rectè dici poterunt; quòd rem non efficiant Talem: cùm enim quærimus qualis res sit? Non respondemus, eam moveri, quiescere, aut talem habere situm! Ad summum itaque conditiones ad agendum requisitæ & Materiæ quidam apparatus vocari poterunt, & nil præterea.

III.

Sicuti autem Qualitates Actuosæ omnes in quodam motu sunt positæ, atque earum differentiæ magna ex parte à motuum diversitate desumuntur, ita eædem qualitates activæ, vix citra effluxus substantiales intelligi aut explicari poterunt.

IV. At-

IV.

Atque hinc etiam illas qualitates corporum quæ nihil agunt, nihil moliuntur, atque propterea *Modales* dicuntur, ex partium Textura, Situ, Figura, Magnitudine, citra novæ entitatis additionem emergere liquet.

V.

Licet non temerè, nec absque manifestarum exactiore scrutinio, ad occultas recurrendum sit Qualitates; omnia tamen, quæ in rerum natura occurrunt phænomena, ad manifestas deducere velle qualitates, & impudentiæ, & imprudentiæ videtur opus.

VI.

Plurimarum interim Qualitatum occultarum vulgò recensitarum rationem & originem, ex motu & aliis affectionibus mechanicis commodè peti posse, easdemque, ut actuosas, ad effluxus substantiales magna ex parte referendas, nulli dubitamus. Et harum equidem abditarum causarum indagatio vulgò MAGIA NATURALIS dicitur.

CAP. VI.

DE MOTU ET QUIETE.

PRÆCEPTA.

I.

MOtus est affectio disjuncta corporis naturalis, quâ illud alium atque alium acquirit locum.

II.

Ejus Requisita vulgò recensentur quatuor: (1) *Movens*, quod est principium à quo fit motus. Estque iterum vel *Internum*: cujusmodi vulgò esse dicitur Forma substantialis omnium motionum effectrix: vel *Externum*, quod extra mobile existit: ut, si ignis aquam calefacit. Porrò idem Movens est vel *Remotum*, quod virtute & potentia tantùm agit; & hoc motiones excitando nihil vicissim patitur: vel *propinquum*, quod proximè agit aliud, & à quo immediatè efficitur motus, contactu corporeo. (2) *Mobile*, h. e. id quod movetur: quod cum movente est idem, in actionibus immanentibus: v. g. Intellectione: ubi Anima est movens & mobile: Non verò in transeuntibus; Quô sensu manus projiciens lapidem est movens, lapis verò mobile. (3) *Terminus à quo*, h. e. id unde incipit motus. (4) *Terminus ad quem*, h. e. id in quo desinit motus; seu id quod per motum producitur: sic v. g. in calefectione aquæ, movens est ignis, mobile est aqua, terminus à quo est privatio caloris, terminus ad quem est ipse calor qui inducitur in aquam.

III.

Dividitur vulgò Motus ratione Principii, ratione Mobilis, & ratione Centri.

IV.

Ratione principii motus est alius *Naturalis*, qui ab intrinseco oritur principio: Estque vel *purè naturalis*, qui provenit à principio naturali ad unum motum determinato: ut quando ignis ascendit: vel *Animalis*, qui fit in animalibus, à facultate locomotiva, mediantibus musculis & spiritibus animalibus: sic motus hominis est animalis. Alius *violentus*, qui fit ab externo agente, ita quidem ut repugnet passo, vel mobili, quod per vim truditur: sic lapis violento motu projicitur in altum. Et hic motus violentus, quatenus est localis, quatuor habet *species*: quarum (1) *pulsio* est, cùm movens à se dispellit mobile: ut percussio, jaculatio, protrusio. (2) *Tractio*, cum movens ad se trahit mobile: uti inspiratio est aëris attractio. (3) *Vectio*, cum mobile vehitur non per se, sed per aliud: ut sedens in curru.

mo-

movetur ad motum currus. (4) *Vertigo*, cum mobile in gyrum vertitur: ut rota.

V.

Ratione Mobilis dicitur aliquid moveri (1) *per accidens*, quod accidentaliter conjungitur mobili per se: sic album dicitur moveri per accidens, quia albedo accidentaliter conjungitur corpori quod per se movetur. (2) *Secundum partem*, cujus aliqua pars movetur: sic homo dicitur sanari, cujus oculus vel manus sanatur. (3) *per se primò*, cui per se ac primò convenit motus: ut totum corpus per se primò movetur localiter.

VI.

Ratione centri, alius motus est *simplex*, qui per lineam simplicem perficitur. Estque iterum vel *Rectus*, qui fit per lineam rectam, vel *Circularis*, qui fit per circulum. Alius *Mixtus seu Vagus*, qui ex recto & circulari simul constat, lineasque simplices non observat: uti moventur venti, nubes, homines, canes, &c.

VII.

Quies est affectio corporis naturalis disjuncta, quâ illud locum non mutat, sed fixum ac firmum perstat. Seu, est privatio motus in subjecto ad eum recipiendum idoneo.

VIII.

Estque itidem alia *Naturalis*, cujus principium est intrinsecum, & ad quam quietem mobile naturali inclinatione fertur: sic lapis quiescit in terra. Alia *Violenta*, cujus principium est intrinsecum: ut, cum corpus in alieno loco vi externa detinetur: v.g. lapis in superiori parte aëris.

AXIOMATA.

I.

CUm Motuum scientia totius Physicæ quasi caput esse videatur, omniaque tam naturæ, quàm artis opera ferè motu contineantur, nihil erit miri, si neglectâ eâ per tot ætates, nullos penè Physica progressus fecerit.

II.

Etsi autem hæc motuum scientia, nostra ætate à Gassendo aliisque viris illustribus, qui Physicam cum Mathesi conjunxerunt, sit restituta & exculta, iidem tamen geometricis demonstrationibus hanc ipsam scientiam illigarunt adeò, ut iis, qui ab his disciplinis non sunt instructi, omnem penè aditum intercluserint.

III.

Nos itaque, ut physica physicè tractemus; de Motu, non in abstracto (quæ Metaphysica ejus est tractatio) sed in concreto, seu, ut in rerum natura reperitur, agimus: Adeoque hic non ad generationem, corruptionem, imminutionem, alterationem, aliasque motûs vulgò recensitas species; quin ad solum Motum Localem respicimus.

IV.

Cumque is reverâ sit applicatio continua & successiva ad diversas partes corporum, quæ illi sunt vicina, idcircò etiam necessariò cum quadam actione & conatu erit conjunctus.

V.

Nec confundi debet *Motus determinatio*, cum Motu ipso: quòd illa sit veluti motûs qualitas, eaque in quovis motu naturali una, nempe in lineam rectam, quam ubique natura affectat, nec corpus quod rectà movetur, eam mutat determinationem, nisi quæ causa exterior eam motûs directionem immutet.

VI.

Ut motus à materia sola proficisci non potest: Ita damus quidem, quòd non alia sit illius causa primaria quàm Deus; sic tamen ut aliæ itidem causæ agant &

mo-

moveantur, utut motu à prima omnium causa profluente.

VII.

Motus naturalis in principio est tardior, in fine velocior, non tam ob movens, quam ob medium, quod in Principio resistit, in fine obedit.

IIX.

Motus violentus in principio est velocior, in fine tardior; quòd vires ibi sunt validiores, hic tardiores: Medium igitur ibi resistere potest minus, hic magìs: Quò autem medii resistentia est major, hoc motus impressus citius desinit.

IX.

Atque idcircò, ubi potentia motrix cessaverit, citra ullam vim superadditam corpus quiescit, nec quieti ulla vis conjuncta est: unde à communi omnium sensu multum recedere videntur illi, qui quietem non motus privationem, sed quid reale & positivum esse existimant: unde & regulæ motus, quas ex hoc velut principio ducunt, neque cum ratione, neque cum experientia consentiunt: sunt etenim ingenitæ omnibus notiones, aut ideæ doctis & indoctis communes, quantum fieri potest, integræ servandæ.

X.

Illæ autem clarè nobis repræsentant, quod quies respectu motus præcedentis sit perfectio & complementum motus; respectu verò motus subsequentis privatio.

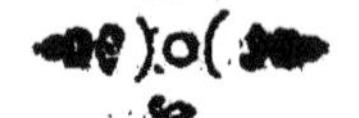

PHYSICÆ VETERIS-NOVÆ, SYNOPSIS PARS SPECIALIS.

SECTIO PRIMA, DE MUNDO ET CORPORIBUS SIMPLICIBUS IN SPECIE.

CAPUT I.
DE MUNDO.
PRÆCEPTA.

I.

CORpora naturalia considerantur aggregatè, quatenus constituunt Mundum, qui est compages è cœlo terraque coagmentata, atque ex iis naturis quæ intra ea continentur.

II.

Dicitur græcè κόσμος, ab ornatu seu munditie: Quia non solum ex pulcherrimis rebus constat, sed etiam res illæ pulcherrimo ordine inter se sunt connexæ.

III.

Sumitur autem vox Mundi (1) *pro ideis* in mente divina. Quô sensu dicitur Mundus archetypus, sive intelligibilis. (2) pro *Angelis*, & vocatur Mundus angelicus. (3) pro *cœlo & Elementis simul*, & appellatur

latur Mundus elementaris. (4) pro *Homine*, & appellatur parvus mundus. (5) pro *universo*, sive tota creaturarum collectione, & vocatur Mundus magnus.

IV.

Causas mundi quod attinet, sunt ex (1) *Efficiens*, Deus, fabricator & creator omnium. (2) *Materia*, quæ sunt corpora naturalia & sensibilia: Nempe cœlum, Elementa & ex his mista. (3) *Forma*, quæ est ordo & dispositio illa mirabilis rerum; de qua, cùm diversæ sint Philosophorum tàm veterum quàm recentiorũ opiniones, inde diversa Mundi systemata, seu delineationes universæ fabricæ mundi proponuntur diversimodè: inter quæ illud, quod à Tychone Brahæo est traditum, nobis arridet præ reliquis; quod illud videatur verisimilius & sacræ Scripturæ convenientius; licet Copernicanum etiam ut Hypothesis defendi queat. (4) *Finis*, qui est vel *primarius*, gloria Dei; uti dicitur Proverb. 16. vers. 4. universa propter semetipsum operatus est Dominus: vel *secundarius*; Homo; Mundus enim propter hominem, homo propter Deum.

V.

Affectiones Mundi sunt (1) *Unitas*: Siquidem Mundus est unus ordine & harmoniâ partium, quæ omnes ad commune bonum totius universi conspirant. (2) *Perfectio*: Est enim Mundus perfectus in suo genere & gradu. (3) *Quantitas*, quæ est capacissima, finita tamen, ita ut certis constet terminis, & circulo quasi claudatur. (4) *Figura*, quâ Mundus haud dubiè est rotundus, quia præcipuæ ejus partes integrales, nempe cœlum, Aër, Aqua, Terra, sensibus dijudicantur esse sphæricæ. Atque ratione hujus formæ Mundi externæ repræsentandæ, ars invenit instrumentũ, quod vocatur *sphæra artificialis*: de qua alibi. (5) *Duratio*: Quâ Mundus, uti habuit initium, ita quoque habiturus est finem.

AXIOMATA.

I.

Lubentius mens Christiana acquiescit iis, quæ à Mose de Mundi creatione tradita sunt, quàm nonnullis Philosophis, qui eum aut æternum esse volunt, aut ex fortuita atomorum concursione prodiisse. Quin & Mundum in tempore conditum fuisse, cùm melioris notæ Philosophi agnoverint, facile hoc damus Huetio, eos hoc, ut alia multa, à divino Mose esse mutuatos. Quamvis etiam Platonici ex operibus magnificis atque præclaris, cùm ipsum mundum & ejus membra, ut loquitur Tullius, cœlum, terras maria; tum horum insignia, Solem, Lunam, stellasque vidissent: cumque temporum mutationes, maturitates, vicissitudinesque cognovissent, suspicati sint, aliquam excellentem esse præstantemque naturam, quæ hæc fecisset, moveret, regeret, gubernaret.

II.

Totum hoc universum, quoad præcipuas partes, commodè dividitur in corpora *lucida*, h. e. quæ lucem ex se emittunt, ut sunt sol & stellæ: corpora *diaplana*, h. e. quæ lucem in se transmittunt, ut est Expansum illud in quo sidera velut suspenduntur, sive aër, sive æther, aut quocunque alio signetur nomine: Et corpora *opaca*, h. e. quæ lucem extra se remittunt, ut Terra & planetæ.

III.

Quòd vir insignis Nicolaus Copernicus in suo Mundi systemate Solem in centrum mundi relegaverit, & Terram inter sidera consecraverit: etsi multis placeat, pluribus adhuc displicet; quibus magìs ad salivam est illustris Tychonis Brahæi systema, Terram in medio Mundi immobilem statuens, & inter Ptolemaicum & Copernicanum viâ incedens mediâ.

IV. De

IV.

De Mundo agens Physicus, illas quæ ad Theologos pertinent quæstiones, & eas quæ parum habent utilitatis, tutius omittit, quàm tractat.

Cap. II.

DE CORPORUM NATURALIUM SPECIEBUS IN GENERE.

PRÆCEPTA.

Corpus naturale segregatè & seorsim sumtum, aliud est *simplex*, quod Materiam simplicem, h. e. talem cujus essentiam nulla ingreditur forma, habet: ut Aquæ supracœlestes, cœlum, Astra, & Elementa: Estque hoc iterum vel *Absolutè* simplex, quòd materiam purè simplicem habet: ut cœlum & quatuor Elementa, cum Aquis supracœlestibus; vel *Respectivè* simplex, quod materiam certo modo simplicem habet: ut stellæ. Aliud *mixtum seu compositum*, quod Materiam compositam, quæ est integrum corpus ex quatuor elementis mistum, habet. Sic composita Materia est in Homine, Equo, Arbore, Plumbo &c.

AXIOMA.

Uti nulla corporum naturalium species hactenus periit, ita etiam nulla de novo oritur, nec ulla debitâ sibi perfectione caret.

Cap. III.

DE AQUIS SUPRACOELESTIBUS.

PRÆCEPTA.

Aqua supracœlestis est corpus naturale simplex, cœlum supremum, seu sedem Beatorum undique ambi-

ambiens, ex primâ aquarum divisione, Genes. 1. v. 5. 6. pronatum.

AXIOMATA.

I.

DAri Aquas supracælestes, sacer scripturæ codex docet: Qui si de iis tacuisset, eæ in omne ævum mansissent ignotæ, vid. Psalm. 103. v. 3. Psalm. 148. v. 1. Et est *finis earum*, qui omnium corporum.

II.

Aquæ supracælestes non sunt Nubes; In duas enim partes dividere aquam, non est nubem facere, sed totum integrale in partes ejusdem rationis & speciei dividere. Et quis, quæso, discrimen inter Nubes & Aquam non agnoscit.

III.

Eandem Aquas illas cum nostris naturam habere censemus.

Cap. IV.

DE COELO.

PRÆCEPTA.

I.

COElum est corpus naturale simplex, amplissimum & subtilissimum, commune astrorum in eo currentium receptaculum.

II.

Sumitur autem vocabulum cœli (1) *pro Aere*, ut Psalm. 8. dicuntur volucres cœli. (2) pro toto *Mundo seu universo*: sic dicuntur cœli enarrare gloriam Dei. (3) pro *Cœlo Empyreo*, cujus nomine intelligitur sedes Beatorum. (4) pro *Cœlo aqueo seu crystallino*, quo nomine

mine intelliguntur Aquæ supracœlestes. (5) pro *Cœlo sidereo, seu Firmamento*: Quæ acceptio hujus est loci.

III.

Affectiones Cœli sunt (1) *Quantitas* egregia. (2) *Subtilitas*. (3) *Perspicuitas*. (4) *Invisibilitas*. (5) *Immobilitas*. (6) *Incorruptibilitas*. (7) *Rotunditas*. (8) *Influentia*. Quibus fortè non incommodè (9) superadditur *Cœli in varias regiones divisio*.

AXIOMATA.

ETsi habere cœlum Materiam & Formam, abundè satis pateat: Attamen, quænam aut qualis illa sit, nobis explicatu difficillimum, ne dicam impossibile est.

II.

Est quidem Cœlum, quoad tale, incorruptibile: cùm verò est fluidum & spirabile, non omninò expers esse videtur omnis generationis & corruptionis.

CAP. V.

DE STELLIS.

PRÆCEPTA.

I.

STellæ sunt corpora cælestia lucida, globosa, mobilia, & ad inferiorum salutem condita; præprimis, ut lucem præbeant Mundo, & cursu suo vices temporum dimetiantur, Genes. 1. v. 14.

II.

Suntque aliæ *Fixæ*, quæ in cœli parte superiori tardissimè moventur, eandemque inter se perpetuò servant distantiam: Et sunt (præter Galaxiam seu viam Lacteam, quæ est maxima frequentia minimarum stellularum, quæ præ exiguitate ad nostrum aspectum distinctè

ſtinctè pervenire nequeunt:) innumerabiles. Notabiliores tamen vulgò numerantur 1022. Aliæ *Planetæ*, ſeu ſtellæ quæ in inferioribus cœli partibus moventur, diverſumque ſitum tum à ſe invicem, tum à ſtellis fixis obtinent: Et ſunt numero ſeptem: *Saturnus*, *Jupiter*, *Mars*, *Sol*, *Venus*, *Mercurius*, *Luna*.

III.

Affectiones, quæ præter illas in definitione allatas, ſtellis ineſſe dicuntur vulgò, ſunt: (1) *Quantitas* egregia, quam ipſi ſenſus apertè teſtantur. (2) *Viſibilitas*, quâ in oculos incurrunt: Non tamen æquè interdiu ac noctu. (3) *Influentiæ & actiones* in hæc inferiora variæ.

AXIOMATA.

I.

VTi indubitata Stellarum materia eſt Lux primæva, primo die à Deo facta; Ita nullâ firmâ ratione finguntur *Intelligentiæ* quæ ſtellis adhæreant tanquam formæ aſſiſtentes.

II.

Cùm motus Stellarum Naturalis ſit, fruſtra efficti fuerunt tot circuli & circelli, quos orbes cœleſtes vulgò dicere amant: cum quibus coincidit decantatum illud Mobile primum.

III.

Neque ſtellarum motus ullum edit ſonum, etſi ab agitatione auræ cœleſtis murmur aliquod oriri fortean non ſit negandum.

IV.

Stellarum fixarum *ſcintillationes* non eſſe reales, ſed apparentes, veriſimile eſt multis ex cauſis. Declarat id Medium & Diſtantia.

V.

Etſi aſtra in actiones humanas influere nequeant di-

directè & immediatè; Indirectè tamen & mediatè in eas influere clarum est.

VI.

Minimè tamen inde sequitur, ullam esse *Astrologia Judiciaria* veritatem aut certitudinem; utpote quæ vana est, si non & impia.

VII.

Utut omnia astra per se sunt lucida; non tamen negandum alia esse magìs, alia minus lucida, uti innuit prima Epistola ad Corinthios c. 15.

IIX.

Ex omnibus astris Sol & Luna dicuntur *Luminaria Magna*; non tantùm quòd talia nobis appareant, sed potissimùm, habitâ ratione activitatis, quam majorem præ reliquis & magìs sensibilem in hæc inferiora exercent.

IX.

Sol est fons & origo Lucis & caloris, inferiora hæc illuminans & calefaciens, partim per se, partim etiam per accidens; colligendo nimirum atomos igneas.

X.

Quemadmodum & Solis & Lunæ præcipua affectio est *Eclipsis*, ita effectus particularis Solis est tempus Solare, & Lunæ, Annus & Mensis Lunaris.

XI.

Maculas Luna in partium ejus diversitate qui ponunt, ad veritatem quam proximè accedere videntur.

XII.

Stellas novas ut plures observant Astronomi, ita iisdem cum Stella Magorum & *Cometas* qui annumerant, dubio procul cum Natura loqvuntur, uti nos in disputatione nostra de Cometis, olim Marburgi habitâ, probamus pluribus.

CAP.

CAP. VI.

DE LVCE.

PRÆCEPTA.

I.

LUX est qualitas corporis lucidi, quâ ipsum lucidum est, & alia illuminat.

II.

Effectus ejus sunt: *Radius* & *Lumen*.

III.

Radius est fulgor in rectum & acutum prominens: Estque (1) *Rectus*, qui à luce in objectum corpus rectà procedit. (2) *Obliquus*, qui à luce in objectum corpus obliquè procedit. (3) *Fusus*, qui à luce per medium rarum in corpus densum transit. (4) *Fractus*, qui & communiter radius reflexus dicitur, qui à luce per medium rarum in corpus opacum incidit, & in superficie istius repercutitur & resilit. (5) *Refractus*, qui repercussus ob diversi medii occursum, à progressione ulteriori prohibetur, atque sic à medio denso ad rarius resultat.

IV.

Lumen est fulgor in latum extensus.

V.

Opposita Lucis sunt: *Umbra* & *Tenebræ*.

VI.

Umbra est privatio luminis partialis, ob interpositionem opaci facta in parte luci opposita.

VII.

Tenebræ sunt privatio luminis totalis, ab omnimoda corporis lucidi negatione orta.

AXIOMATA.

I.

LUmen accidens quoddam est & qualitas, non substantia.

II. Lux

II.

Lux sine subjecto aut materia quadam tenuissima ac subtilissima, quam ætheream dixit Aristoteles, vix concipi potest.

III.

Quemadmodum *Lux primigenia* nihil aliud fuit quam substantia lucida, seu ætherea, certo modo agitata; ex qua Deus quartâ creationis die formavit solem & reliquas stellas: Ita probabile est lucem, in sua origine magnam cum Elemento ignis habere cognationem: ut adeò non incongruè fortè dicant quidam; *Lux est in sole vel igne; lumen in aere.*

IV.

Uti radii non sunt in sole, sed à sole; ita lux quoque res ipsa est, radius & lumen rei species sunt. Lux generans est, radius & lumen genita.

V.

Nullum corpus lucere, nisi idem moveatur, ad minimum secundum partes insensibiles, præter ignis exemplum, nuperrime inventi phosphori dicti, & tam in liquida quam sicca forma repræsentati, probant: ut enim partium insensibilium motus (moventur autem plerumque celerrime & reciproco vibrationis motu:) est varius, ita inæqualis fluorem; vehemens & validus calorem; celer & brevis lumen efficere videtur. Hinc *omnis luminis motus dicitur momentaneus.*

VI.

Quòd tamen in tempore moveatur lumen & non in instanti, id vel *crepusculum* docet; quod à lumine perfecto & tenebris distinguitur, quatenus de utroque participat.

CAP. VII.
DE ELEMENTIS IN COMMUNI.

PRÆCEPTA.

I.

Elementum est corpus naturale simplex, sub cœlo contentum, ad universi integritatem, mistorumque constitutionem à Deo factum: Mixta enim, ut ex elementis primò componuntur, ita & in ea ultimò resolvuntur; ipsa verò Elementa, tanquam corpora homogenea indivisibilia sunt in diversa alia.

II.

Sumitur autem vulgò vocabulum Elementi (1) *pro omni primo principio* ex quo aliquid componitur: Quo sensu literæ dicuntur Elementa vocum. (2) pro *rudimento*, h. e. primo artis seu virtutis cujusque principio, in quo tyrones exercentur, & ad altiora præparantur: Hoc sensu primæ & generalissimæ sententiæ Philosophorum dicuntur Elementa Philosophiæ; Et lex Mosaica aliquoties à Paulo dicitur Elementum. (3) pro *specie corporis naturalis simplicis à cœlo distincta:* seu, pro principio corporis naturalis mixti: Quæ acceptio est hujus loci: Sicque *Elementa dicuntur quasi Alimenta*, quòd omnia ex iis tanquam Principiis constent, generentur, alantur & succrescant.

III.

Numerantur Elementa communiter *quatuor: Ignis, Aer, Aqua* & *Terra*.

AXIOMATA.

I.

Uti nemini non liquet, Elementa esse quædam corpora adeò simplicia, ut in alia simpliciora resolvi

non

non possint; Ita ferè nulla ars, aut nulla industria humana, hæc prima omnium corpora in lucem proferre poterit.

II.

Quemadmodum non unum, sed multiplex esse Elementum, multis argumentis probatur ab Aristotele: Ita, quatuor esse tantum Elementa, suaderi quidem, demonstrari vix potest.

III.

Quatuor autem quamvis tantùm sint Elementa, plura tamen esse possunt Miscibilia, aut principia in quæ mixta resolvuntur.

IV.

Elementa, prout hodiè existunt in rerum natura, impura sunt, & aliquo modo mixta.

V.

Uti Motum, Figuram, & Qualitates dictas motrices, gravitatem nempe & levitatem Elementis inesse, nemo fortean negaverit facilè; ita certi quid de his determinare in specie, id equidem difficile, si non omninò impossibile: utut enim Epicurei, juxta principia Mechanica, ex Figura, Motu & aliis affectionibus corporum ducta, Naturæ artificia, varietatem rerum, Motus item est Effectus explicare moliantur; cùm tamen hæc philosophandi methodus magnas & inextricabiles difficultates patiatur, quæ hypothesin illam, si minus falsam & absurdam, certè ancipiti admodum & instabili fundamento subnixam ostendunt, succenseri nemini poterit, si aliam philosophandi rationem insistat.

VI.

De cætero videtur, quod Cartesius vocat primum Elementum, id aliis ignem esse; uti secundum Elementum fortè cum Aëre confunditur; Tertium verò Aquam & Terram importat.

VIII.

Elementorum transmutationem, quam passim Physici asserunt, non ultra extendendam censemus, nisi quatenus Elementa in minutissimas partes distracta, sui copiam amplius non faciunt.

CAP. IIX.

DE IGNE.

PRÆCEPTA.

I.

IGnis est Elementum calidissimum & siccissimum, in terra & supra terram existens: unde *subterraneus* & *supraterraneus* dicitur.

II.

Estque vel *carbo*, qui est Ignis compactus; vel *Flamma*, quæ est ignis diffusus, non tamen sine multorum igniculorum cohæsione atque unione.

AXIOMATA.

I.

DAri Elementum Ignis, vulgò probatur ex eo, quòd summus calor alicui corpori simplici debeatur: At, non convenit aëri, nec aquæ, nec terræ, ergò igni.

II.

Quinimò, ignem esse Elementum, aut corpus simplex, præcipuum naturæ organum, & maximè actuosum, Philosophi penè omnes statuunt. Et certè cætera agitat Elementa, eaque omninò torpent, nisi ab Igne, qui est quietis impatiens, impellantur.

III.

Quæ reverà *atomorum Ignis* sit *figura*, vix certò determiterminari potest; quòd nullo satis idoneo argumento, nullis experimentis, sed levissimis tantum conjecturis atomorum figuras assequi liceat.

IV.

Etsi probabilior videatur *Cartesii* quàm *Epicuri* aut *Aristotelis* sententia de Ignis Natura & Generatione: Neutra tamen explicandis phænomenis omninò sufficit: siquidem *ad procreationem Ignis tria conspirant: subtilis aut ætherea materia*, quæ in jugo motu posita est; *partes mixti sulphurea & oleosa*; & *aeris circumfusi partes* itidem actuosæ & nitrosæ.

V.

Dicitur ergò Ignis *generari*, quandò è corporibus, in quibus actu inest, elicitur, ut foras prodeat. *Extinguitur* autem Ignis, cùm violento motu dissipantur portiones igneæ, aut illæ spontè emigrant, pabulo destitutæ.

VI.

Non differt Ignis *culinaris* specie ab Igne elementari: Quin, quivis Ignis culinaris Ignem elementarem in se continet, sed alienis qualitatibus & corporibus accidentaliter immersum.

VII.

Veritati vix congruum videtur, quod *de loco proprio* & peculiari *Ignis sub concavo Lunæ* vulgò commentantur: cum Ignis in regione aëris inferioris quaquaversus sparsus, circa terram maximè agere videatur, ut animantium & vegetabilium usibus præstò sit.

IIX.

Quod *fumus* sit terrestre quid, & de corporibus exhalando sursum contendat, rectè monet *Aristoteles* lib. 2. de Gener. & Corr. c. 4.

IX.

Quo purior est *flamma*, hoc est candidior; quo

verò est crassior, hoc altius assurgit: Quòd non tam facilè à circumfuso aëre dissipetur.

CAP. IX.
DE AERE.
PRÆCEPTA.

I.

AER est Elementum levissimum, terram & aquam undique ambiens, omnem locum replens, & sonos producens.

II.

Regiones ejus vulgò recensetur *tres: suprema*, quæ à cacumine montium altissimorum incipit, & ad Lunam pertingit. *Media*, quæ secus montium cacumina incipit, & deorsum finitur, cum radiorum solis reflexione. *Infima*, quæ superficiem terræ contingit.

III.

Usus aeris est: (1) Esse mixtionis principium, & Elementi nomine rerum generationem promovere. (2) Respirationi & vocis formationi in animalibus inservire. (3) Meteoris generandis præbere locum, & volucribus spatium volandi.

AXIOMATA.

I.

QUemadmodum aër ad primas illas vulgò dictas qualitates est indifferens, ita suâ naturâ est rarus & tenuis: præprimis autem in eo elucet *vis Elastica*.

II.

Utut Aër inter Elementa sit levissimum; suo tamen modo insignis ei inest *gravitas*, quæ tamen & ipsa secundum Regiones variat.

III. Aër

III.

Aer est commune velut Emporium, ubi Cœlum & Terra suas, ut ita dicam, exercent nundinationes: Ea propter cum vaporibus & fumis non confundendus; hi enim *Atmospharam* rectius constituunt, Aëri juncti.

CAP. X.

DE AQVA.

PRÆCEPTA.

I.

AQua est Elementum frigidissimum & humidissimum, terram undique ambiens & influens.

II.

Usus ejus præcipuus est. (1) Mollificare corpora concreta ad formam mixti facilius introducendam. (2) Naturali suo influxu irrigare terram, ut producat plantas. (3) Piscibus domicilium præbere, terrestribus autem & volatilibus potum.

III.

Quod ad *Figuram* Aquæ spectat: præter dictos usus, ipsius aquæ phænomena probant, ejus particulas esse potius oblongas, teretes, læves & flexibiles, quàm cubicas, rotundas, aut ramosas.

IV.

Dividitur Aqua secundum diversa accidentia seu adjuncta, ut alia sit *Marina*, alia *Fontana*.

V.

Est autem *Mare* aquarum abyssus, magna ex parte Terram, velut insulam magnam cingens: cujus notetur *Origo:* quam Deo tribuit Moses Genes. 1. v. 9. & *Affectiones*, quæ sunt (1) *Salsugo:* Quæ à salis particulis, in

Aqua exſolutis, oritur: ſive eæ inſint mari ab origine, ut ſatis probabile eſt: ſive in mari, ut in terra, quædam ſint Salis fodinæ, quæ diſſolutæ fortaſſis renaſcuntur; cùm experientiâ conſtet, aquam oceani in imo ſalſiorem eſſe quàm in ſuperficie; quòd aqua ſalſa gravior ſit dulci. (2) Maris *æſtus, h. e. fluxus ac refluxus*, duodecim horarum ſpatio determinatus; quem utique Lunam moderari, uti negari non poteſt, ita nullum eſt dubium, quin cum cauſa hâc externa ſimul alia ſtare poſſit interna, nimirum Forma Aquæ, quam à primo omnium rerum principio viribus iſtis inſtruxit naturæ Opifex, ut oceanum ſtatis horis prorſum & retrorſum commoveat.

VI.

Porrò Aqua *Fontana* dicitur aqua è terra ſcaturiens, & intra ſinus certos ſe continens; cujus *origo* rectè tribuitur Mari, quod eſt origo, caput & hoſpitium fluminum, rivorum, & fontium, Eccleſiaſt. 1. verſ. 7. Etſi proximè, multos quoque fontes ex pluviis & fluviis, imò vaporibus quoque, originem trahere, fortean negari cum ratione nequeat.

VII.

Dividitur *fons* in *perennem*, qui perpetuò, ob materiæ abundantiam, viget: Et *temporarium*, qui nonnunquam exſiccatur & deſinit.

IIX.

Dicitur etiam alia Aqua *fluvialis*, alia *putealis*, alia *paluſtris*, alia *lacuſtris*, &c. de quibus prolixè agunt Geographiæ Scriptores.

IX.

Sic & à permiſtis, aqua alia dicitur *Metallaris*, alia *Mineralis* &c. unde *Thermæ, Acidulæ* &c. de quibus Chymiæ ſcriptores & Medici.

AXIOMATA.

I.

UTi præter frigiditatem & humiditatem, aquæ propria quoque sunt, gravitas & crassities; ita tamen ratione impuritatis majoris vel minoris, una præ alia est crassior & gravior: Eadem quoque impuritas *Bullarum* ac *Spumæ* causa est: Nec Aqua calida, ob ignis atomos permistas, pura dici debet.

II.

Quemadmodum *locus aquæ* est spatium commune cum terra; ita tamen permeant sese hæc duo corpora invicem, ut terra ubique substrata maneat aquis: Etsi enim in chartis nauticis *oceani profunditas* communiter deprehendatur dimidii milliaris Germanici, nulla tamen tam profunda est Aqua, ubi non sit fundus in profundo.

III.

Aqua equidem omnium Elementorum seu miscibilium præcipuum videtur, at non solum.

CAP. XI.

DE TERRA.

PRÆCEPTA.

I.

TErra est Elementum crassissimum & gravissimum, frigidum & siccum, in medio mundi pendulum, secundum se totum immobile, & Mundi centrum.

II.

Dividitur communiter (1) in quatuor partes: scilicet, *Europam*, *Asiam*, *Africam*, *Americam*: Quibus alii addunt *Terram incognitam*. (2) In quinque *Zonas*

nas: Quarum duæ dicuntur frigidæ, duæ temperatæ, una torrida, omnes ab hominibus habitatæ. (3) Denique physicè & omnium optimè dividitur in *Insulas*, *Peninsulas*, *Isthmos*, *Promontoria*, *Montes*, (qui primitùs cum terra fuerunt creati:) *colles*, *valles*, *campos*, *sylvas*, *littora*, *oras* & *portus*.

III.

Affectiones Terræ sunt, (1) *Figura*, quam rotundam esse, constat partim ex umbra terræ, quæ in Eclipsibus apparet, rotunda seu conoidalis: partim ex ortu & occasu stellarum; Solis inprimis: Nam, citiùs oriuntur Orientalibus sidera. Cujus verò figuræ sint terræ atomi, divinare non possumus. Id unum constat, eas esse admodum fixas ac solidas; cum ignis vi in auras difflari non possint; cumque durities, fixitas, soliditas, à terra magna ex parte ducatur. (2) *Situs*, ratione cujus terra in medio mundi constituta est; Si enim medium universi non obtineret, non fierent Eclipses, cum Sol & Luna per diametrum opponuntur (3) *Quies*: Et hujus immobilitatis terræ causa est ejus nativa gravitas, vid. Psalm. 93. v. 1. & Psalm. 104. v. 15. (4) *Magnitudo*, eaque vel *Respectiva*, quâ globus terræ in respectu ad cœlum, ad instar puncti; h.e. quoad nostrum aspectum habet insensibilem magnitudinem; sic enim centrum est minutissimum: vel *Absoluta*, respectu cujus terra habet magnam quantitatem, adeò ut totius *terræ ambitus*, 5625. milliaria Germanica comprehendat.

IV.

Usus est (1) ut sit reliquorum miscibilium velut basis & fundamentum: Hinc magna illius siccitas, nulla adeò partium cohæsio: Hinc pondus magis quàm ex Aqua & aliis Elementis proficiscitur; Hinc deniq; terra reddit corpora durabilia ad retinendas inscriptas figu-

figuras. (2) Ut temperet sua siccitate humiditatem aquæ, quæ, cum præcipuum corruptionis sit principium, illa, nempe Terra, in mixto diffluentem humorem sistit. (3) Ut sit sedes & domicilium Mineralium, Metallorum, Plantarum, Animalium & Hominum: Adeoque dicitur magnum Naturæ laboratorium, in quo Montes innumeras subinde parturiunt opes.

AXIOMATA.

I.

CUm ex solutione omnium rationum, quæ in utramque partem afferuntur, nulla ratio demonstret Terræ stabilitatem aut Motum; tutiùs existimamus cum sacra Scriptura telluris quietem, quam contra eam illius mobilitatem defendere.

II.

Ut terra cum sale à natura vel ab arte, arctissimo nexu conjuncta, rebus firmitatem & stabilitatem penè indissolubilem confert, ita cum aqua & aliis principiis vix potest accuratè misceri: unde sæpè aditum ad corruptionem patefacit: porosa enim & malè compacta efficit corpora: adeò ut principia vel elementa facilè discedant.

CAP. XII.

DE ELEMENTORUM QUALITATIBUS.

PRÆCEPTA.

I.

Q*Ualitates Elementorum* sunt Accidentia, per quæ Elementa agunt & patiuntur.

II.

Eæ dividuntur vulgò in primas & ortas.

III.

Primæ dicuntur, quæ in alterando primariam vim obtinent; Et recensentur vulgò quatuor: (1) *Calor*, qui est qualitas secundum quam Elementum calefacit, & calefaciendo attenuat, solvit, coquit, digerit. (2) *Frigus*, quod est qualitas secundum quam Elementum frigefacit, & frigefaciendo densat, adstringit, obstruit. (3) *Siccitas*, quæ est qualitas secundum quam Elementum exsiccat, & exsiccando indurat. (4) *Humiditas*, quæ est qualitas secundum quam Elementum humectat, & humectando emollit.

IV.

Ortæ, aliàs & *secundæ* dictæ, sunt, quæ à primarum qualitatum contemperatione oriuntur, adeoque in alterando secundariam vim obtinent: & recensentur vulgò (1) *Levitas*, quæ est qualitas sursum omnia evehens, & plerumque oritur à calore. (2) *Gravitas* est qualitas, quâ corpora quædam naturalia ad centrum tendunt, & oritur à frigore. (3) *Densitas* est qualitas secundum quam partes subjecti immediatè cohærent & constringuntur ita, ut corpora fiant solida & impervia, quæ aliis corporibus non concedunt liberum facilemque transitum, atque ipsa etiam non facilè transeunt alia: Et oritur à frigore. (4) *Raritas* est qualitas orta utplurimum à calore, habens partes extenuatas, nec inter se probè compactas, ut ita liberum transitum concedant aliis, atque ipsa etiam corpora rara permeent facilè alia. (5) *Durities*, quæ est qualitas orta à siccitate, partes densas & benè compactas habens. (6) *Mollities*, quæ est qualitas orta ab humiditate, facilè tactui cedens. (7) *Crassities*, quæ est qualitas orta à siccitate, partes habens solidas. (8) *Subtilitas* vel *tenuitas*, quæ est qualitas orta ab humore potissimùm partes tenues habens. (9) *Ariditas*, quæ est qualitas orta à siccitate,

par-

partes habens humoris ferè expertes. (10) ***Lubricitas***, quæ est qualitas ab humiditate producta, quæ tactum facilè effugit & elabitur. (11) *Lentor*, quæ est qualitas ab humiditate exorta, habens partes tenaces & glutinosas. (12) *Friabilitas*, quæ est qualitas orta à siccitate, habens partes non cohærentes, ideoque facilè atteritur. (13) *Asperitas*, quæ est qualitas orta ex siccitate, habens partes prominentes, ideoque tactum, dum contrectatur, offendit. (14) *Levitas*, quæ est qualitas orta ab humiditate, superficiem habens æqualem, & tactum dum contingitur, oblectans.

AXIOMATA.

I.

ETsi recensitæ illæ qualitates non omnes insint Elementis quatenus talibus; possunt tamen iisdem inesse, quatenus hodiè sunt in mundo: h. e. impuris.

II.

De Motu, ejusque privatione, Figura, Textura & aliis modis Atomorum, sive particularum insensibilium, quæ afferuntur à Neotericis quibusdam, allatas has à nobis qualitatum definitiones non destruunt, sed illustrant: ut & quæ de vi Elastica habent, huc non incommodè referri poterunt.

III.

Dicuntur Qualitates primæ magnis quibusdam Authoribus Formæ Elementorum: non reipsa, sed quoad nos: h. e. propter nostram ignorantiam: Quia utimur eis vice & loco formarum substantialium nobis ignotarum. Nam, ut optimè observat *Verulamius* in novo Organo: *Ea est prima invenienda alicujus formæ ratio, ut id, in quo res alioqui dissimiles conveniunt, mens diligenter expendat, atque in iis potissimum subjectis forma spectetur, in quibus elucet maximè, & est à reliquis libe-*

liberior. In quem ſenſum dicunt DD. Phyſici: primæ qualitates ſunt Principia Eſſentiæ & Differentiæ, h. e. talia, per quæ ſunt & diſtinguuntur Elementa.

IV.

Atque ſic, quando dicitur, caloris rationem in motu partium inſenſibilium conſiſtere, non intelligenda *motio* quævis, ſed talis, quæ ſit *calori propria:* Qualis eſt: *expanſiva, celeris, & perturbata.*

V.

Et, quemadmodum hæc intelligenda ſunt de calore uti in ſe eſt: Ita *calor,* qui vulgò dicitur *potentialis,* (qualis obſervatur in calce, aquis ſtygiis; imò in ſanguine ipſo, fæno madido, aliisque corporibus, quæ, cùm actu frigida ſentiantur, humore alieno diluta, intenſum calorem procreant:) magna ex parte à partium textura & aliis affectionibus, quæ mechanicæ dicuntur, quòd dependeat, non abludit à vero.

VI.

Uti fortean non ſine omni cauſa dicitur à quibusdam Phyſicis: primum *frigoris ſubjectum* neque eſſe aquam, neque aërem, neque ullum ex Elementis, ſed halitum quendam aut vaporem: Ita frigoris ejusdem naturam non in nuda ac ſola caloris privatione eſſe poſitam, ſed cauſam inſuper realem ac poſitivam exigere, eſt veriſimile.

VII.

Nec tamen interea peccare videntur, qui *frigus* per partium inſenſibilium vel quietem vel tardiorem motum deſcribunt.

IIX.

Ut primus caloris effectus eſt rarefactio; ſic præcipuus frigoris effectus videtur eſſe condenſatio: cui reliqui, v. g. Aquæ rarefactio; corporum quorundam à putredine præſervatio &c. ſubordinantur.

IX. Quin

IX.

Quin etiam; *Fluiditatem* effici à partium exiguitate, figura, texturâ admodum expeditâ, & motu ipso ab æthere, vel aëre, vel humore intercurrente profectô, non absolutè negabimus: Neque exactam adeò *inter fluiditatem & humiditatem differentiam* observabimus.

X.

Sic nec illos, qui *siccitatis* & *duritiei* seu *firmitatis* naturam in figura & contextu partium subsistere, adeoque firma corpora constare partibus crassiusculis, ad motum minus idoneis, quæ in minutiores facilè secari non possint, & quò majores pro mole sua habent superficies, hoc ad immediatum contactum & firmitatis statum sint aptiores, ex iis, quæ microscopio in lignis putrefactis cernimus, conjicere satagunt; non omninò nihil dicere statuimus.

XI.

Interea tamen illud verisimillimum videtur, partes duri corporis non solâ quiete aut contactu immediato inter se cohærere, sed ab externo valdè subtili corpore compingi.

XII.

Neque enim in iis corporibus, quæ *mollia* dicuntur, imò & in duris corporibus, partes insensibiles non omni prorsus motu carere videntur: licet is motus adeò tardus sit, ut sensu percipi non possit: sic enim in caseo ex motu partium, licet non perceptibili, imò & in fructibus vermes gignuntur: aliaque phænomena plura probant, nec *dura* quidem & *firma* corpora omni partium insensibilium motu carere; ut fusè demonstrat illustris *Boyle*.

XIII.

Ex iisdem ferè causis, ex quibus durities corporum oritur, proficisci quoque creditur *vis Elastica*, seu restitutiotutionis, quâ partes corporis elastici ita sunt flexibiles, ut non maneant in eo statu, in quem pressione sunt adductæ.

XIV.

Ut autem ab elaterio majores naturæ motus pendere, non abnuit à verò: Ita vim elasticam à principio interno & naturali, (quod, sive formæ substantialis, sive naturæ, aut quocunque alio donetur nomine, perinde erit: cùm semper intelligatur id, quod in rebus ipsis dominatur, quodque ubi vim patitur, & ab ordine instituto recedere cogitur, sese restituere nititur:) quodammodò proficisci, patere potest vel inde, quòd videatur cuique rei insitum, ut figuram & situm partium naturalem tueatur, & si ab illo statu recesserit, aut vim patiatur, statim partes ipsæ sese restituant.

XV.

Interea tamen, ad corporis elastici restitutionem, pondus quoque aëris subtilis multum conferre posse, vel ex eo clarum est; quòd, cùm major est inflexio aut pressio corporum, ac subtili aëri patet aditus, corpus frangatur, & partes illius à se mutuo divellantur.

XVI.

Neque aliæ etiam Elaterii causæ, ex rei ipsius textura & configuratione desumtæ, omitti hic debent.

XVII.

Quibus de cætero volupe est, cum *Tackenio* alisque, qualitates omnes Elementares ad duas referre: *Acidum* scilicet & *Alcali*, & sub acido comprehendere acerbum, & austerum; sub alcali acre, amarum, dulce, salsum &c. idem fortè quod alii dicunt, licèt aliis verbis.

PHY-

PHYSICÆ VETERIS-NOVÆ, SYNOPSIS

PARS SPECIALIS.

SECTIO SECUNDA DE CORPORIBUS NATURALIBUS MIXTIS IN GENERE ET IN SPECIE.

TRACTATUS I. DE CORPORIS MIXTI PRINCIPIIS, IN GENERE ET IN SPECIE.

CAPUT I.

DE PRINCIPIIS CHYMICIS.

PRÆCEPTA.

I.

Corporis mixti perpendenda ſunt Principia & Species.

II.

Principia corporis mixti ſunt vel remota, vel propinqua, vel proxima.

III.

Remota ſunt Elementa quatuor vulgaria, quæ cum ſuis qualitatibus continentur in Mixtis ut Materia; non tamen nude, ſed cum aliis ſimul Principiis.

IV. *Pro-*

IV.

Propinqua sunt *Principia Chymica* : Quæ sunt corpora naturalia mista, ad metallorum & animatorum constitutionem à Creatore facta, peculiariumque & affectionum & effectionum causæ.

V.

Ea *sunt numero tria* : *Sal*, quod est Principium occultum, à quo proveniunt sapores in corpore misto, illudque rebus simul dat consistentiam. *Sulphur*, quod est Principium occultum oleaginosum ac viscidum, odores gignens, inflammationes efficiens, & corpora mista colorata reddens. *Mercurius*, qui est Principium occultum liquidum & spirituosum, corporibus mixtis inconstantiam adferens.

VI.

Proxima Principia mixtorum sunt semina cujusvis speciei propria, aut ejus minima.

AXIOMATA.

I.

PRincipia Chymica omnibus mixtis naturalibus inesse, & ex iis inter se & cum Elementis variè mixtis, mineralium, plantarum & animalium corpora formari, id resolutio evincit: suntque ea in prima creatione corporibus concreata, ut inde corpora formentur.

II.

Non tamen Principia hæc prima, sed ad summum secundaria dici possunt.

III.

Neque eâ formâ, numero, statu, in quo separata conspiciuntur, actu sunt in mixtis; sed ignis magna ex parte ea procreat.

IV.

Tanto minus Sal, Sulphur & Mercurius hic notans

mineralia illa communia quæ fodiuntur aut coqvuntur; Hæc enim corpora mixta sunt, in quibus Sal, Sulphur & Mercurius sui generis prædominantur, suntque inter se juncta.

V.

Principia chymica maximam partem ex Mechanicis ducuntur, & ad ea omnino revocantur.

Cap. II.

DE QVALITATIBVS PRINCIPIORVM CHYMICORVM.

PRÆCEPTA.

I.

Q*Valitates Principiorum Chymicorum* sunt accidentia, à formis istorum provenientia, & actionibus ac passionibus inservientia.

II.

Inter eas præprimis eminent quatuor istæ; sapor odor, color, & inflammabilitas.

III.

Sapor est qualitas corporis mixti orta à sale, ad rerum differentias lingvæ repræsentandas: Et dividitur in *Extremos*; ut sunt dulcis, qui est in lacte, pane, uvis maturis, melle, saccharo, glycyrrhiza, butyro, &c. Amarus, qui est in amygdalis amaris, pomis immaturis, uvis incoctis &c. vel *Intermedium*, qui est in lixivio, allio, pipere, glandibus, gallis, limonum succo, &c.

IV.

Odor est qualitas corporis mixti orta à sulphure, ad rerum differentias naribus repræsentandas. Estque alius *Extremus*, v. g. dulcis seu gratus, qui est in melle, croco, moscho &c. & amarus seu ingratus, qui est in aceto, asa fœtida, urina putida, fæcibus humanis &c.

alius *Intermedius*, qui est in pinguedinibus, succis, oleis, multisque aliis.

V.

Color est qualitas corporis mixti, orta à sulphure, ad rerum differentias oculis repræsentandas. Estque alius *Extremus*, v. g. Albedo, quæ est in creta, cygno, nive &c. Nigredo, quæ est in corvo &c. alius *Intermedius*, qualis est rubedo, flavedo, color cæruleus, croceus, purpureus, viridis &c.

VI.

Inflammabilitas est qualitas corporis mixti, orta à sulphure, ad corporum combustiones data.

AXIOMATA.

I.

Sapore, odore, colore & inflammabilitate carent corpora simplicia: Malè ergò hæ qualitates vulgò deducuntur ab Elementis.

II.

Habent tamen suos usus etiam in his Elementa; sic attenuendo & resolvendo præstat color, ut odor sit perceptibilis.

III.

Sales in rebus sapidis maximè dominari, certum est: Omnes verò sapores ex solis salibus proficisci, vix probabile: sicuti enim proximæ & continentes saporum causæ, satis commodè ad Principia Chymicorum in vario statu considerata referuntur, ita Mechanicas quoque in iis affectione spectandas, necessum videtur, uti multis experimentis probat *Boylaus* accuratissimus.

IV.

Odores perinde ut sapores spiritu, sulphure & sale contineri, uti verisimile videtur; Ita odorem cum substanſtantiali effluxu conjunctum eſſe, certum eſt, indeque alius *odor virtualis*, alius *formalis* rectè dicitur.

V.

Ex varia Lucis contemperatione varios ſubinde colores emergere, uti vel ſola iris teſtatum facit, ita *colores veri & in corpore colorato fixi, ab apparentibus tranſitoriis, probè diſtinguendi veniunt.*

CAP. III.

DE EFFLUVIIS IN GENERE, ET DE VAPORE IN SPECIE.

PRÆCEPTA.

I.

E*Ffluvia* ſunt corpuſcula naturalia tenuia & ſubtilia, ex Elementis, atque potiſſimum Aqua & Terra, non ſolùm, ſed ex mixtis quoque, virtute ſiderum, & beneficio caloris extracta & in altum evecta.

II.

Suntque (1) vel *Simplicia*, ut Atomi, vel *Mixta*: qualia ſunt: *Fumus*, qui eſt Effluvium mixtum, ſiccum & calidum, ex terra & rebus aridis, virtute Syderum aut aliorum agentium extractum. Et *vapor*, qui eſt Effluvium miſtum, calidum & humidum, ex aqua & locis humidis ac udis, virtute ſyderum, aut externi agentis calore eductum. (2) Alia ſunt *Elementaria*, alia *Mixta*, ut patet ex Definitione. (3) Alia ſunt *Materialia*, quæ realiter, ſecundum ſuam ſubſtantiam & qualitates corporeas effluunt: ut in pice, candela, ſuffitis. Alia *ſpiritalia*, quæ fiunt per rerum imagines & radios, ut ſunt Species viſibiles, imagines colorum, cœleſtium corporum influentiæ, & aliæ rerum ſpecies, quæ hominem afficiunt, nec tamen ſenſu percipiuntur, ſed ſolo effectu deprehenduntur.

AXIOMATA.

I.

E*Xhalant Aqua & Terra imprimis*, tanquam impurissima Elementa, quæque ingentem continent vim minimorum corpusculorum. Ignis tamen & Aer cum istis dispersi in exhalatione inveniuntur: sic vapor adscendit vi non sua sed ignis.

II.

Elementa & corpora mixta homogenea, ut sulphur, pix, sebum, secundum omnes partes exhalant: In mixtis autem heterogeneis attendendum principium proximum ex quo fit exhalatio: Non enim quævis ex quavis ejus est parte.

III.

Exhalant quoque durissima corpora; aliàs Lapis & Metallum non possent generari in nubibus.

IV.

Etsi vapor non sit aqua, est tamen magis aqueus quàm aëreus: Licet propter impuritatem Elementorum fiat, *ut nunquam detur fumus sine admixto aliquo vapore*; *nec vapor sine fumo*: Esse enim terreas particulas aqueis, & has istis permistas, lintea testantur, quæ à pluvia maculantur plus aut minus, pro terræ mixtione.

V.

Inesse fumo & vapori præter Elementa etiam Principia illa Chymica dicta, experientia probat quotidiana.

VI.

Ut *causa educentes Effluvia sunt Sydera*, & inter ea præprimis Sol & Luna, ita non parvam ipsis operam navat *ignis subterraneus*, ut dictum est ante.

VII.

Non quævis Effluvia à quibusvis Syderibus evocari

cati, vel inde patere poterit, quòd nunc pluviæ generentur, nunc nebulæ, nunc venti, nunc nubes &c.

Cap. IV.

DE MIXTIONE.

PRÆCEPTA.

I.

Mixtio est miscibilium in minima divisorum unio, à forma specifica facta.

II.

Sumitur autem *Mixtionis nomen latè*, pro quacunque quarumcunque rerum accumulatione & confusione: ut, quando triticum permiscetur hordeo. Atque talis mixtio est impropria & *artificialis:* vel sumitur *strictè & propriè*, quà miscibilia ita uniuntur ut constituatur tertium quoddam, & nova gignatur species. Et hæc vulgò dicitur *naturalis*, & est hujus loci.

III.

Dehinc Mixtio est (1) vel *perfecta*, quâ miscibilia perfectè miscentur, mistumque perfectum constituitur, vel *Imperfecta*, quâ miscibilia imperfectè miscentur, mistumque imperfectum constituitur. (2) vel *Regularis*, quæ secundum leges à naturâ præscriptas fit: vel *Irregularis*, quæ contra leges à natura præscriptas fit.

AXIOMATA.

I.

Non rectè sola Elementa propriè misceri dicuntur, sed concurrunt quoque Principia, Chymica dicta, neque illa seorsim, sed juncta, in aliis puta mixtis oblata.

II.

Ut Mixtio sit exquisita, miscibilium partes minutim concidi necesse est, secus erit potius compositio quàm mixtio: ut, cùm Pharmacopolæ unguenta sua & pulveres confundunt. Quæ artificialis mixtio dicitur: uti notavimus ante.

III.

Miscibilia simul actu & potentia mixto inesse, rectè dicuntur, sed diversâ ratione; nimirum, *actu inesse dicuntur*, si absolutè & secundum suam entitatem spectentur: *potentiâ*, si physicè, h. e. secundum proprietates sensibiles considerantur.

IV.

Qualitates primæ dictæ, multum conferunt ad Mixtionem, sed non solæ.

V.

Etsi quoad sensum quævis minima Mixti particula videatur mixta, intellectus tamen partes distinguit, si minima minimis conjungit: siquidem *rationi non repugnat, ut quodvis miscibile in minima portione sit in quavis Mixti particula:* Adeoque mixtio revera sit minimorum unio. Id quod in viventibus maximè obvium, quòd hic Minima junguntur Minimis.

VI.

Divisio Mixtionis in Perfectam & Imperfectam, ab aliis de eodem corpore explicatur; ab aliis ad distinctas species refertur. Nos utroque modo rectè sumi credimus.

VII.

In natura datur, sed non à natura approbatur irregularis Mixtio.

IIX.

Cùm miscibilia sese in mixtione habeant passivè, non possunt carere rectore, formâ nempe specificâ, quæ miscibilia regit, ordinat, disponit.

TRACTA-

TRACTATUS II.

DE

CORPORIBUS IMPERFECTE MIXTIS.

HOC EST,

DE METEORIS IN GENERE ET IN SPECIE.

CAP. I.

DE METEORIS IN GENERE.

PRÆCEPTA.

I.

C*Orpus imperfectè mixtum* dicitur, in quo unum ex Elementis dominatur, vel, cujus principia malè colligata facilè possunt separari: quale vulgò dicitur Meteorum.

II.

Adeoque *Meteora* sunt corpora imperfectè mixta, quæ ex halitibus è terra & aqua potissimum excitatis, & Solis, aliorumque Syderum virtute, ac ignis subterranei efficaciâ elevatis generantur.

III.

Nomen habent à μετὰ & ἀείρω, quod est tollo, elevo, suspendo: Quia Meteora utplurimùm in sublimi generantur.

IV.

Sunt autem Meteora alia *Hypostatica*, quæ revera existunt in aëre, eamque qua prodeunt faciem obtinent realem, adeoque effectus etiam habent transeuntes: suntque iterum vel *Ignita*, vel *Aquea*, vel *Spirituosa*,

quæ

quæ aliis *Aerea* dici solent, Alia *Emphatica*, (quæ & *apparentia* seu *phantastica* dicuntur,) quæ revera non sunt id quod esse videntur, eamque faciem quâ apparent, realem non obtinent, adeoque effectus solum habent immanentes; Et sunt, Parelius, Paraselene, Halo, Iris, Virgæ &c.

AXIOMATA.

I.

QUæ vulgò dicimus Elementa, Terra quam incolimus, Aqua, Aer & Ignis seu flamma, quatenus hodie sunt in hoc universo, ad imperfectè Mixtorum genus referri posse censemus.

II.

Quemadmodum Halitus est velut communis materies, ex qua non Meteora tantummodò, sed etiam, uti quidem multis videtur, mixta perfectiora prodeunt; Ita prima quidem & communis ferè, non solum impressionum quæ in Terra & Aëre gignuntur, sed etiam fossilium omnium causa effectrix calor aut Solis, aut Terræ congenitus afferri solet.

III.

Aliomodo dicitur: Deus, Sol, Astra, influxus cœlestis, Efficientes Meteororum communes sunt. Instrumentales, calor & frigus, propriæ verò causæ, quæ secundum speciem agunt suam, & varia effecta in aëre & alibi producunt, sunt particulæ specierum naturalium, seu corpuscula ex corporibus exhalantia, hinc inde dissipata & confusa, ex quibus per σύγκρισιν & διάκρισιν, juxta Aristotelem, sunt Meteora.

VI.

Meteora quatenus talia, propriè & formaliter non sunt corpora, sed materialiter & subjectivè corpora dicuntur, quia impressiones in materia corpora repræsentant.

V. Lo-

V.

Locus Meteororum est aer præcipuè; siquidem & illa quæ in terra generari dicuntur, propriè in aere in terræ cavernis contento generantur.

Cap. II.

DE METEORIS IGNITIS.

PRÆCEPTA.

I.

M*Eteorum Ignitum* est Meterum constans ex fumo tali, qui multum continet sulphuris, à quo est accensio & deflagratio, quamque motus cumprimis juvat, separando fuligines, & effluvia ignea conjungendo, ut inde flamma proveniat.

II.

Horum Meteororum aliud est magis insigne, nempe *Fulmen*, quod est Meteorum ignitum ex halitu sulphureo & nitroso ortum, intra nubes detentum, & ex iis magno impetu per aërem ad terram detrusum. Estque aliud *terebrans*, quod ob flammæ puritatem densa quæcunque verberando pervadit. Aliud *discutiens*, quod ob flammæ validitatem prosternit obvia quævis; illudque sæpius comitatur Lapis. Aliud denique *urens*, quod ob flammæ celeritatem incendit, estque magis igneum quàm flammeum. Habet insuper fulmen partes, quæ sunt; (1) *Tonitru*, quod est sonus seu fragor, quem fulmen ex nube prorumpendo excitat, à concursu effluvii sulphurei & nitrosi, eô ferè modô quô pulvis pyrius è tormento bellico explosus sonum edit. (2) *Fulgur*, qui est lux aut splendor, quem fulmen ex nube prorumpendo ab effluviis sulphureis accensis utrimque projicit, non aliter ac candela accenſa, quæ lucem ſuam quaquaverſum ejaculatur. (3) *Lapis fulminaris*, qui eſt corpus durum & ſolidum, è viſcoſa illa materia terræ incuſſa lapideſcens.

III.

Alia ſunt minus inſignia, & dicuntur (1) *Ignis fatuus*, qui eſt meteorum ignitum, candelæ ardentis & huc illucque errantis ſpeciem repræſentans. (2) *Ignis Lambens*, qui eſt Meteorum ignitum, equorum pilis & hominum capillis ac veſtimentis, aliisque ſine noxa adhærens; Quorſum ſpectant nautarum *Helena, Caſtor* & *Pollux*, (3) *Draco volans*, eſt Meteorum Ignitum draconis volantis ſpeciem exhibens. (4) *Stellæ discurrentes*, quæ propè terram accenduntur, & videntur diſcurrere, quod aer his exhalationibus ſit refertus, & accenſus halitus pabuli ſui venam ſequatur: Et, quemadmodum communis horum omnium materia eſt halitus pingvis & viſcoſus, ita, cùm exhalatio accenſa in mucronem acuitur, *Pyramidis*: ſi teres ſit & cylindrica, *Columnæ*: ſi latiore faſtigio ſcintillet, *Facis*: ſi oblonga & tranſverſa, *Trabis*: ſi globus igneus circum ſe floccos penſiles inſtar lanæ præferat, ac ſaltu incondito laſciviat, *Capræ ſaltantis* nomen obtinebit. (5) *Stipulæ* denique dicuntur, cùm globus igneus non apparet, ſed exhalatio latè diſperſa incenſas ſtipulas aut paleas exhibet.

AXIOMATA.

I.

Viſa hæc non ſemper ſunt naturalia, ſed à Deo ſæpè mittuntur: unde ominoſa habentur. Diabolus etiam haut rarò hic luſus facit; imprimis in Dracône volante.

II.

Eadem utplurimum ſitu externo differunt, & materiâ plus vel minus copioſâ.

III. Ser-

III.

Servit in fulmine ignis, pelliturque deorſum, ac contra naturam ſuam imperio paret.

IV.

Fit quandoque fulgur absque tonitru, quia nitrum à quo percuſſio, nunc paucum, nunc multum.

V.

Ruptio aut everſio turrium & arborum fulmine tactarum, ſulphureo adſcribenda ſpiritui, non lapidi.

CAP. III.

DE METEORIS AQVEIS.

PRÆCEPTA.

I.

M*Eteorum Aqueum* eſt, quod ex vapore ſeu effluviis aqueis oritur.

II.

Species ejus præcipuæ ſunt (1) *Nubes*, quæ eſt Meteorum Aqueum ex vapore humidiore & craſſiore ad ſecundam aeris regionem evecto, & ibidem vi frigoris condenſato, opacitate ſuâ ſub oculos cadens. Eſtque alia *ſterilis*, quæ eſt ſubtilior, parumque humoris continet; unde ſimul eſt *lucida* & in pluviam non reſolvitur, ſed à ventis, aut calore, ſive interno ſive externo, facilè diſſipatur & evaneſcit. Alia *fœcunda*, quæ eſt craſſior, multumque humoris continet, adeoque *nigra* eſt, & in pluviam facilè reſolvitur. (2) *Pluvia*, quæ eſt Meteorum Aqueum ex nube fœcundâ in aquam guttatim reſolutâ genitum. Eſtque alia *Naturalis*, eaque iterum vel *Imber*, cum guttæ crebriores & minutiores, ob vaporis tenuitatem jugi tenore defluunt; vel *Nimbus*, cùm guttæ paulo grandiores cadunt, & quidem cum vehemenmentia. Alia *prodigiosa*, quando cum aquis ranæ, pisciculi, sangvis, lac, lapides &c. decidunt: Quorum tamen sæpè causæ sunt naturales. (3) *Grando*, quæ est meteorum aqueum, è guttulis pluvialibus in descensu à frigore conglaciatis ortum; cui interdum etiam aliquid prodigiosi aut supernaturalis accidit. (4) *Nix*, quæ est meteorum aqueum è nube condensata ab agitatione ventorum in minutas particulas distracta, antequam in pluvias resolvatur, natum; instar lanæ mollioris terram petens. (5) *Aura serotina*, quæ est meteorum aqueum, ex tenui halitu diurno calore evecto, & post solis occasum decidente, ortum. (6) *Ros*, qui est meteorum aqueum, ortum ex vapore modico & subtili, sub vesperam à sole occidente elevato, exiguoque calore prædito: Qui propterea hæret in infima aeris regione, nocturno frigore condensatus, sub auroram decidit & herbas irrigat: Hujusque *species* sunt: *Mel*, quod dicitur generari ex vapore subtiliori, qui in flores & herbas decidit, unde fit ut apes ex illis mel educant, & in sua alvearia deferant, non verò, propriè loquendo, illud conficiant: *saccharum*, quod itidem est species roris concreti & collecti in quibusdam arundinibus; & *Manna*, quæ creditur generari ex simili vapore seu rore, sed in majori copia in terram decidente. (7) *Pruina*, quæ est meteorum aqueum ex vapore crassiusculo à nimio frigore congelato ortum, quod in terram decidendo teneriores plantas adurit & absumit. (8) *Nebula*, quæ est meteorum aqueum ortum ex vapore crasso & caliginoso, qui non potuit à Sole evehi usque ad mediam aeris regionem, & ideo hæsit in infima, eamque valde obscurat: unde ejusmodi *nebulæ*, *si recidant in terram*, *serenitatem*, *si attollantur à calore Solis*, *pluviam portendere solent*. (9) *Glacies*, quæ est meteorum aqueum ex vapore à frigore condensato ortum,

tum, aquas obducens. Huc denique (10) ſpectat *Bulla*, quæ eſt pellicula aquea aere repleta, & (11) *Spuma*, quæ eſt bullarum minutiſſimarum congeries.

AXIOMATA.

I.

NUbes in aere eousq; aſcendit, donec ſit æqualis ponderis cum aere, aut illius agitatio deſinat.

II.

Singula nubis corpuſcula nonnihil luminis reflectunt; ſimul verò congeſta totam regerunt lucem, vixq; ullam transmittunt.

III.

Vix differt Nubes à Nebula, niſi quod Nebula gravior eſt & terræ vicinior: cùm frigoris vi concrescat citius.

VI.

Aura ſerotina multis eſt perniciosa; iis præſertim, quibus laxior eſt fibrarum contextus, & pori apertiores.

V.

Aridiora loca ros nullus tegit, quòd ibi humor deſit.

VI.

Quòd ros acrioribus corpusculis abundet, hinc ſegetum rubigo, cùm ros ſpica exceptus ardore ſolis putreſcit. Quod autem ros inſectorum procreationi multum conferre dicitur, adſcribendum videtur nitro, quod Terræ & Aquis fæcunditatem impertit.

VII.

Quòd pruina, inſtar roris, ſit nitroſa & dulcis, hinc eâ cuniculi brevi ſaginari creduntur.

IIX.

Nubes altiſſimæ in Nivem potius concreſcere quàm in pluviam, eſt veriſimile.

IX. Quem-

IX.

Quemadmodum nivis æquè ac spumæ candorem ex infinitis globulis, quos tenuissima halituum filamina connectunt, oriri, nemo fortè negaverit: Ita causæ, cur nivis flocculi plerumque instar stellarum sex radiis distincti appareant, altioris est indaginis.

X.

Quòd nix tam facilè in aqua exsolvitur, & dissoluta ventum seu auram frigidam spirat, inde esse videtur, quòd sit nitrosa.

XI.

Cùm nix imminet, frigus aliquantulum remittitur: quia nubes nive prægnans coarctat aërem terræ vicinum, & halitus è terra erumpentes repercutit; *postquam verò nix delapsa est, plerumque aer tepidior est*; vel quia Sol radios prius nubilo oppressos jam liberiùs vibrat; vel, quia nubes ante pendulæ, suo frigore subjectum aërem infestabant.

XII.

Frustra in Grandinis productione ad antiperistasim respicitur: cùm illam non in infima, sed in media aeris regione, ubi intensum frigus regnat, congelari, vel hoc argumento esse possit, quòd *plerumque antequam grandinet magnus strepitus in sublimi aere audiri soleat*: colliduntur enim jam congelatæ guttulæ, dum aliæ in alias incurrunt.

XIII.

Agnoscit Figura Grandinis quidem Naturam, interdum tamen accedit & Numen!

CAP.

CAP. IV.

DE METEORIS SPIRITVOSIS IN GENERE, ET TERRÆ MOTV IN SPECIE.

PRÆCEPTA.

I.

Meteorum *Spirituosum* est, quod ex effluviis flatuosis & spirituosis oritur.

II.

Estque aliud *intra terram*, & dicitur Terræ motus; aliud *extra terram*, & dicitur ventus.

III.

Terræ motus est meteorum spirituosum, ex fumo flatuoso terræ cavernis præter naturam incluso, exitum cum impetu quærente genitum.

IV.

Estque interdum *cum tremore*; interdum *cum pulsu*, qui utplurimum sonum seu mugitum habet comitem; interdum *cum hiatu*.

AXIOMATA.

I.

Vix aer in Terra conclusus sufficit ad Terræ motum excitandum, nisi Spiritus ille inclusus simul accendatur, unde rectè ait *Plinius:* Nihil aliud ferè est in terra tremor, quàm in nube tonitruum: siquidem in terræ fremitu solet

Sub pedibus mugire solum, & juga celsa moveri.

II.

Perquàm scienter observat *Gassendus*, quòd nusquam frequentiores sint Terræ motus, quàm in locis, quæ montibus ignivomis sunt viciniora: unde & sæpè

sæpè terra prius tremit, quàm flammæ ex iis montibus erumpant.

Cap. V.
DE VENTIS.
PRÆCEPTA.
I.

VEntus est meteorum spirituosum, ex effluvio flatuoso è globo terraqueo egresso & in aere dilatato ortum, quod ascendere laborans ab occursu aeris densioris reprimitur, & in obliqvum retorqvetur, aeremque cum impetu agitat, & vehementer commovet: cùm enim levis est commotio aeris, *Aura*, non ventus nominatur.

II.

Sunt autem venti alii Regulares, alii Irregulares.

III.

Regulares alii sunt *Indefiniti*: Iique iterum vel *Cardinales*, ut (1) *Subsolanus*, qui spirat ab ortu æquinoctiali, estque calidus & siccus. (2) *Zephyrus seu Favonius*, qui flat ab occasu æquinoctiali, estque frigidus & humidus. (3) *Aquilo*, qui à septentrione progreditur, estque frigidus & siccus. (4) *Auster*, qui à meridie procedit, estque calidus & humidus: vel *Collaterales*, qui cardinalibus interjecti, & quidem singulis bini, numerantur octo: Quibus omnibus Nautæ addunt alios viginti, quos vocant quartos; Sicque in universum *triginta duo* venti numerantur: Quibus tamen alii addunt adhuc plures. Alii sunt *Definiti*, qui certis temporibus spirant, suntque : *Etesiæ*, qui venti sunt aquilonares, circa caniculæ ortum quadraginta dies perflantes; & *Ornithiæ* seu *Chelidoniæ*, qui venti sunt septentrionales, circa hirundinum adventum spirantes.

IV. *Ir-*

IV.

Irregulares dicti & *Tempestates*, sunt: *Ecnephias*, quasi ἐκ τῶν νεφῶν: Estque densa & copiosa exhalatio, quæ in nubem cavam ingressa, postmodum nube sese comprimente, cum ingenti impetu nubem disrumpit, & ad terram contendens, arbores, domos, aliaque obvia subvertit: Adeoque non differt à fulmine, nisi quòd non ignescat. *Turbo*, qui similis est exhalatio, quæ excussa à nube per angustum foramen, ob occursum venti contrarii, vel quod in aliam nubem incidat, cujus densitate impeditur quò minus rectà descendat, vel liberè per aerem diffundatur, in gyrum agitur, & in nubem validissimè torquetur. Et *Præster* seu *Typhon*, qui est similis exhalatio, propter viscositatem vel impetum motus accensus, obvia comburendo lambens: sicque non differt à fulmine, nisi quod fulmen plus habeat flammæ & minus flatuum.

AXIOMATA.

I.

DE ventorum origine & affectionibus uti omnes penè Philosophi, cùm veteres, tum recentiores disseruerunt, & nemo ferè ex iis non aliquid probabile saltem attulit: Ita recentiores, & inter eos maximè Illustris *Boyle*, rem omnem diligentius expenderunt.

II.

Neque adeò summus *Aristoteles*, exhalationem terrestrem aut fumum pro venti materia venditans, rem omnem exhausisse videtur: Neque subtilis *Cartesius*, ventos nihil esse nisi dilatatos vapores decernens, punctum omne tulisse credendus: Quin, ventum plerumque esse exhalationem vapore permistam; interdum verò nihil præter aeris ipsius fluxum, experientia docet.

III.

Inquirenti in ventorum causas, inter præcipuas sese offeret Sol ipse, qui calore suo multos ex aqua & terra vapores & halitus educit, qui vicinum aerem protrudunt: Id quod perspicacissimus *Verulamius* scitissimè adumbrat exemplo turriculæ undique clausæ, in cujus medio prunas ignitas cùm collocasset, calor auctus crucem plumeam variè agitabat; idque maximè, cùm ex aqua vapores vi ignis sublati eandem crucem instar turbinis torquebant.

IV.

Quod igitur aut vehementius dilatat aerem, aut æquilibrum atmosphæræ destruit, id ventum procreare potest.

V.

Ex dictis ergò ad quæstiones: Quare Nimbus cadens magnum ventum excitet? Quare ventus sæpè pluviam instar turbinis impellat; quandoque verò eam non antecedat, sed comitetur; & cessante pluvia ventus quoque subsidat? Quare nives quoque in montibus & glacies exsolutæ interdum ventos generent? Similesque respondere erit facilè.

Cap. VI.

DE METEORIS EMPHATICIS IN SPECIE.

PRÆCEPTA.

Species Meteororum Emphaticorũ vulgò enarrantur sequentes: (1) *Iris*, qui est Meteorum Emphaticum in nube rorida, à guttis aqueis, ex radiorum solis oppositi receptione, fractione & refractione genitum, arcum varicolorem oculis spectantium exhibens. (2) *Parelius*,

lius, qui est Meteorum Emphaticum ex solis specie, receptâ in nube æquali, splendidâ & continuâ, genitum; ut duo vel tres soles in aere esse videantur. (3) *Paraselene* est Meteorum Emphaticum ex Lunæ specie recepta in nube æquali, splendidâ & continuâ genitum, ut duæ vel tres lunæ in aere esse videantur. (4) *Halo* est Meteorum Emphaticum, ex radiis Solis, Lunæ, aut alterius stellæ majoris in nubem subjectam genitum, ut corona circa Solem, Lunam, aut aliam stellam clariorem appareat. (5) *Virgæ* sunt Meteorum Emphaticum in nube aquosa & dissimiliter rara, ex radiorum Solis ad latus collocati receptione & reflexione genitum, lineas, seu ferulas repræsentans. (6) *Chasma* est Meteorum Emphaticum, ex effluvio sulphureo in aerem elevato, ibique inæqualiter accenso genitum, cœli dehiscentis & ardentis formam referens. (7) *Stella cadens* est Meteorum Emphaticum, ex effluvio supernè accenso genitum, & ob loci frigiditatem repressum, ac deorsum detrusum, stellarum è cœlo cadentium imaginem offerens. (8) *Colores nubium* sunt Meteorum Emphaticum, in nubibus ex diversa stellarum illuminatione ortum, ut modò albi, modò nigri, modò rubei, modò viridis, modò alterius coloris esse videantur. (9) *Rubedo matutina* est Meteorum Emphaticum, ex vaporibus in aere hærentibus, ac lumine solari perfusis manè ortum, tempestatem indicans. (10) *Rubedo vespertina* est Meteorum Emphaticum, ex vaporibus in aere hærentibus, ac lumine solari perfusis vesperi ortum, serenitatem indicans.

AXIOMATA.

I.

ETsi *Meteora Emphatica* id non sunt quod apparent esse, sed species & imagines nudæ: *sunt* tamen nihilohilominus *Entia realia*, quia ab intellectu minimè sunt ficta, sed causata in nubibus, à radiorum Solis, Lunæ aut aliorum astrorum incidentia & nubium dispositione varia.

II.

Quòd ex refractione, seu varia reflectione radiorum luminarium possit fieri hallucinatio in aspectu, ex eo facilè probatur, quòd per refractionem specierum visibilium baculi ex media parte in aqua existentis, baculus videatur incurvus, qui tamen in se est rectus.

III.

Iris apparet alia atque alia, prout cum spectantibus procedit, recedit, accedit: Quodque ejus centrum incidit in terram, idcircò non apparet circulus integer, sed ejus superior medietas; unde *elevatus quis supra nubem, totam conspiceret iridem.*

VI.

Etsi de loco, natura, coloribus & figura Iridis hodiè ferè omnes Physici in sententia *Cartesii* acquiescere possent: cùm tamen ea demonstrari vix possit, nisi demonstrationes è secretiori Mathesi deprompte adhibeantur, illæ autem non sint publici saporis, hinc est, quòd paucissimi illam capiant.

V.

Ecquis enim, ex varia luminis reflexione & refractione varios Iridis colores emergere, est nescius? cùm autem *Cartesius* istorum colorum varietatem à globulis secundi Elementi circa suum centrum gyrantibus repetit; rem satis obscuram majori obscuritate involvere videtur: Quod omnia hic in conjecturis posita deprehendantur.

VI.

Interea, Iridis naturâ explicatâ, reliquas impressiones emphaticas intelligere haud erit difficile.

TRACTA-

TRACTATUS III.

DE CORPORIBUS PERFECTE MIXTIS IN GENERE, ET DE INANIMATIS IN SPECIE.

CAPUT I. DE CORPORE PERFECTE MIXTO IN GENERE.

PRÆCEPTA.

I.

Corpus perfectè mixtum est, quod ex miſcibilibus compoſitum, non facilè redit in ſua principia.

II.

Hujus notanda venit *Mutatio*, quæ eſt accidens corporis mixti quâ eſſe ejus variatur: Eſtque alia *ſubſtantialis*, quando res incipit eſſe, ac dicitur *Generatio*; aut deſinit eſſe, & dicitur *Corruptio*: Alia *Accidentalis*, quando res aut creſcit, unde *Augmentatio*; aut decreſcit, unde *Diminutio*; aut qualitates mutantur & dicitur *Alteratio*. Et Affectio, quæ dicitur *Temperamentum*.

III.

Dividitur vulgò corpus mixtum in *Inanimatum*: qualia ſunt Metalla, Lapides, & Media mineralia. Et *Animatum*; quod iterum variè ſubdividitur, uti ex infra dicendis patebit pluribus.

AXIOMATA.

I.

Corpora in quibus vera datur mixtio, in Scholis perfectè mixta vocantur, eaque per generationem ordinariè oriuntur, ita ut Natura ab imperfecto progrediatur ad perfectum. Sic ab exilibus principiis primò Forma cum aliquali Materia producitur, quæ postea per varias mutationes perficitur.

II.

Diutius durant hæc corpora, quam illa de quibus actum est: Nec adeò facilè redeunt in sua principia; quòd fiant ex solidiore & constantiore Elementorum aliorumque miscibilium, ut sunt Sal, Sulphur & Mercurius, compositione.

III.

Nec tamen sufficit *sola* hæc massa, quin accedit peculiaris Forma, quæ massam illam elementarem subigit, dirigit, informat, facitque ut Hæc Species generetur ex Hac Materia & non ex alia: prout operationes, ex quibus in tanta formarum obscuritate de formis judicamus, id clarius testantur.

IV.

Mixta hæc perfecta ex principiis fieri contrariis rectè dicuntur, quia Elementa in iis sunt non secundum nudas tantum qualitates, sed secundum substantiam suam, h. e. cum sua Materia & Forma: Etsi hæc Elementorum forma in mixtis secundum propriam suam naturam non agat; quia est sub alia forma constricta, adeoque impedita: unde etiam soluta rursus suas operationes exercet proprias.

V.

Rectè crassities terrea, & calor igneus arguunt Elementa in mixtis; Idemque ex resolutionibus est evidens.

CAP.

Cap. II.
DE GENERATIONE.
PRÆCEPTA.
I.

Generatio est actio corporis mixti, quâ sibi simile producit, ut perpetua specierum conservatio constet.

II.

Estque (1) alia *Imperfecta*, seu *Inchoata*, quando forma cum aliquali suæ speciei materia producitur. Alia *Perfecta*, seu *consummata*, quando totum compositum cum omnibus suis partibus producitur. (2) Alia *quæ fit per Transmutationem*, quâ substantia unius transit in aliam: ut quando ex cibo fit sangvis, ex sangvine caro, ex ovo pullus &c. Alia *quæ fit per propagationem*, quâ generans sibi simile producit secundum speciem, ac se ipsum sine multiplicatione sui Esse multiplicat: Talis generatio fit in plantis & animalibus ex semine suo: In Mineralibus, ex specierum suarum minimis, quæ semen æmulantur.

AXIOMATA.
I.

Epicureorum sententiam, quæ Generationem transpositione, additione & detractione fieri asserit, non simpliciter rejiciendam censemus.

II.

In Generatione revera fit aliquid, quod ante non erat, ac mutatur id ex quo fit generatio, & transit substantialiter in id quod exinde generatur: unde corpora perfectè mixta hâc actione producunt novum corpus, quoad speciem sibi simile; Et nisi hoc esset, non fieret multiplicatio: Nova ergò in generatione oritur forma,

 quia

quia tota species fit ex alia totâ specie; Homo nempe ab Homine: Ita tamen, ut à Materia sit Corpus, à Forma verò Forma.

III.

Quæ per transmutationem fit Generatio, etsi à forma sit intus latente, revera tamen Materialis est, & Materiarum propria; sic succus attrahitur à planta, eaque nutrimentum ita elaborat, ut cedat in corpus suæ speciei.

IV.

Ad probandam Generationem *Æquivocam*, malè recurritur ad causam universalem; quòd ea ad omnes generationes semper concurrat.

V.

Generationem mixti & mixtionem non differre realiter, sed solùm ratione, vel inde patet, quòd, cùm in mixtione & mixti generatione miscibilia sint terminus à quo, mixtum verò terminus ad quem, vox mixtionis magis miscibilia respiciat, vox Generationis verò ipsum mixtum.

VI.

Instrumentum Generationis est semen, quô Forma & Materia simul continentur, & à Generante ad Genitum propagantur, secundum leges in prima rerum origine à Natura sancitas. Genes. c. 1. v. 22. 24. 28.

CAP. III.

DE CORRUPTIONE, PRÆCEPTA.

I.

COrruptio est passio corporis mixti, quâ illud in minima sua resolvitur.

II. Est-

II.

Estque alia *Naturalis*, quæ secundum communem naturæ cursum accidit: Estque iterum vel *putrefactio*, quæ dicitur cum Spiritus nativus exhalat à corpore, partesque materiæ solvuntur & in suas redeunt heterogeneas. Et hæc etiam est *Perfecta*, quæ destruit totum: aut *Imperfecta*, quæ destruit partem: sic destruuntur vinum & cerevisia, quando mutantur in acetum; vel *Arefactio*, quæ dicitur quando humidum externum subtrahitur, atque affluxus materiæ denegatur. Alia verò corruptio est *violenta*, quæ præter communem Naturæ cursum accidit: Hujus species sunt, *combustio*, quæ fit quando mistum ignis beneficio resolvitur, & in cineres redigitur; & *petrificatio*, quæ à succo petrifico ortum habet.

AXIOMATA.

I.

M*ixtorum inevitabile consequens est corruptio*: quoniam è diversis invicem naturis constant; propter quod tandem perit omne mixtum, & in Elementa sua resolvitur naturaliter.

II.

Etsi generatio unius secum trahat corruptionem alterius; Essentia tamen & natura Generationis longè diversa est à natura corruptionis.

III.

Nihil omnino perit, sed fit separatio partium usque ad minimum.

Cap. IV.

DE AUGMENTATIONE.

PRÆCEPTUM.

A*Ugmentatio* est actio corporis naturalis mixti, quâ illud beneficio ac vi caloris, per materiæ assumtionem & assimilationem, corpori majorem dat quantitatem,

AXIOMA.

D*Iffert augmentatio à pinguefactione*, quod illa sit totalis, fiatque secundum omnes dimensiones; Hæc verò est partialis, & fit saltem in certis membris.

Cap. V.

DE DIMINUTIONE.

PRÆCEPTUM.

D*Iminutio* est passio corporis naturalis misti, quâ ipsius quantitas imminuitur.

AXIOMATA.

I.

QUod naturaliter crevit, id naturaliter etiam tandem decrescere incipit: siquidem calor partes succulentas paulatim absumit, solidas verò arefacit, adeoque eas ineptas reddit, ut materiæ affluenti assimilationem præstare nequeant: sic glutine deficiente corpus flaccescit, donec intereat.

II.

Ut stirpes marcescunt & paulatim diminuuntur, ita & quævis viventia.

Cap.

CAP. VI.
DE ALTERATIONE.
PRÆCEPTA.

I.

ALteratio est passio corporis naturalis mixti, quâ qualitas ejus mutatur.

II.

Estque *Perfectiva*, quæ corpus perficit, ejusque qualitates auget ac restaurat, adeoque facit ad generationem: vel *Destructiva*, quæ naturam corrumpit, adeoque proxima ad interitum est via.

AXIOMATA.

I.

CUm alterationes prohiberi non possint, idcirco nec rerum interitus: calor enim perpetuò operatur in materia fluxa, Spiritus autem intus existens dissipatur.

II.

Variat alteratio pro varietate subjectorum: sic dura corpora sunt durabiliora, propter salem, quem multum habent, humiditatem verò excludunt, adeoque per alterationem non adeò facilè intereunt: E contra olea sunt durabiliora propter Spiritum tenacem.

CAP. VII.
DE TEMPERAMENTO.
PRÆCEPTA.

I.

T*Emperamentum* est qualitas corporis mixti, è miscibilium qualitatibus exorta, ut illius operâ mixta suas operationes exerceant.

II.

Estque aliud *ad pondus*; in quo qualitates planè æqualiter concurrunt, ut nullus omninò adsit excessus.

Alij-

Aliud *ad Justitiam*, in quo qualitates non planè æqualiter concurrunt, sed eo modo qui mixtis maximè convenit. Et hoc iterum est vel *simplex*, in quo unica qualitas tantùm excedit, vincitque sibi contrariam, reliquæ duæ æqualitatem servant: diciturque vulgò *Calidum, Frigidum, Humidum, Siccum*: vel *compositum*, in quo duæ qualitates excedunt, reliquasque duas superant, & vocatur *Calidum & Humidum*; vel *aereum*, aut *sanguineum*; *calidum & siccum*; vel *Igneum* aut *Cholericum*; *Frigidum & Humidum*; vel *Aqueum* & *Phlegmaticum*; *Frigidum & Siccum*; vel *Terreum* & *Melancholicum*.

III.

Oppositum Temperamenti est Intemperies quæ consistit in mala qualitatum permixtione, adeoque tollit istam qualitatum harmoniam: unde etiam, si mutari non potest, certo sequitur mixti interitus.

AXIOMATA.

I.

NOn oritur Temperamentum ex remissione qualitatum, sed ex minimorum corpusculorum, quatenus qualitatibus eximiis prædita sunt, permistione.

II.

Coguntur inter se qualitates summa cum summis: Ignis enim ubi est, ibi cum summo suo est calore: Aqua cum frigiditate summâ: sed ubi plures in mixto sunt particulæ frigidæ, pauciores calidæ, ibi operatio caliditatis non percipitur, ac vocatur inde Temperamentum frigidum. Atque hinc est, quòd ex rebus frigidis Spiritus extrahantur calidissimi.

III.

Temperamentum non est quinta quædam qualitas, multo minus substantia dici potest: Quod si verò quis

quis aptam contemperationem Formam Mixti dicat, id certo modo admitti posse censemus.

IV.

Intemperies, etsi magis sit manifesta in animalibus, & præprimis in Homine, qui morbis, intemperiei, sensibiliter est obnoxius: non tamen ea plantis & mineralibus omninò est deneganda; siquidem néc hæc semper ad maturitatem veniunt, si hæc intemperies per coctionem non corrigatur.

CAP. IIX.

DE COCTIONE.

PRÆCEPTA.

I.

COctio est actio, qua beneficio caloris mistum perficitur.

II.

Ejus species sunt (1) *Maturatio*, quæ est coctio, quâ beneficio calidi corpus mistum per digestionem suam perfectionem consequitur. Hujus oppositum est *Immaturitas*, quâ ob defectum calidi corpora cruda relinqvuntur. (2) *Elixatio*, quæ est coctio quâ beneficio calidi & humidi mistum perficitur. Huic opponitur *Inquinatio*, quæ est imperfecta elixatio ob defectum calidi sufficientis. (3) *Assatio*, quæ est coctio, quâ beneficio calidi & sicci mistum perficitur. Ei opponitur Assatio Imperfecta & *Adustio*.

AXIOMATA.

I.

CUm res omnes non statim ex quo oriuntur perfectæ sint, coctio requiritur.

II. Con-

II.

Concoctio, Elixatio, Assatio &c. non sunt voces ex culinis in Physicam translatæ, sed ab hâc in illas: siquidem, *quod Natura facit, id imitantur Artes.*

III.

Elixatio ad extrahendum humorem superfluum, *Assatio* ad partes exteriores exsiccandas tendit.

CAP. IX.

DE MINERALIBUS IN GENERE.

PRÆCEPTA.

I.

M*Ineralia* sunt corpora naturalia mista è Sale, Sulphure ac Mercurio, tanquam semine minerali, beneficio propriæ formæ formata, ac è mineris & visceribus terræ eruta.

II.

Suntque vulgò Lapides, Gemmæ, Metalla, & Mineralia Media.

AXIOMATA.

I.

SIquidem *in omnibus corporum generationibus forma à forma est, quæ postmodum materiam idoneam disponit, & sibi aptum domicilium exstruit*; ita & Mineralium forma est multiplicativa sui, per potens illud Patris formarum dictum: Crescite & multiplicamini.

II.

Nec tamen propterea hic excluduntur *Deus* & *Astra*; tanto minus *calor* & *frigus*; sed hæc agunt instrumentaliter, illa universaliter & remotè.

III.

Uti Sal, Sulphur & Mercurius ad mineralium generationem concurrunt peculiariter, ita Elementa rectè di-

dicuntur materia remota, vapor verò & fumus, tum hæc tum ista includunt, sed uterque est specificus.

IV.

Quemadmodum dura videtur esse opinio illorum, qui in principio à Deo omnia esse condita mineralia sine ullâ vi multiplicandi dicunt: ita tamen non crescunt ad modum viventium, sed per modum circumpositionis, ita ut semen spirituosum, seu spiritus ille mineralis emittatur, ac materiam dispositam in aurum & argentum aut aliud convertat minerale: Hæc enim inesse videtur mineralibus insita vis, ut materiam idoneam in sui generis minerale convertant, etiamsi ab intra non augeantur.

CAP. X.

DE LAPIDIBUS IN GENERE.

PRÆCEPTA.

I.

Lapis est minerale crassum & durum, quod neque est ductile, neque in aqua exsolvitur, nec per se est liquabile: ex sicca & terrestri exhalatione, unctuositate quâdam aquosâ permixtâ, per temporis diuturnitatem, vi caloris & frigoris, accedente specifico quodam spiritu lapidifico conglutinata.

II.

Suntque vulgò lapides alii vulgares, alii pretiosi; & vulgares iterum sunt vel porosi vel solidi: sic & pretiosi, qui alio nomine Gemmæ dicuntur, itidem sunt vel nobiliores vel ignobiliores, quorum alii reperiuntur intra corpora animalium, alii extra ea.

AXIOMATA.

I.

Quemadmodum *lapidum generatio est paulo obscurior,*

rior, ita cerebro terso non videtur sufficere, si dicamus, lapidem generari ex succo lapidescente & Spiritu lapidifico, qui formam lapidis contineat: Nisi simul sciamus, succum illum lapidescentem esse tenax quoddam lutum, quod *Avicenna* dicitur humor viscosus ac terrestris: Ita, ut humor continuitatem, terra verò soliditatem largiatur. Quanquam fortè hûc quoque Principia Chymica æquè ac Mechanica rectè accersenda veniant: siquidē *materia omni sale exhausta lapidescet nunquam.* Et multi lapides, si uruntur, sulphureum emittunt odorem: ast ubi sulphur, ibi & cætera. Sic & principia Mechanica abundè patent ex apta partium configuratione & coaptatione, quæ concretionis hujus præcipuæ causæ sunt.

II.

Ut *varii sunt lapides*, *pro Spiritus lapidifici dicti varietate*, ita ab hoc ipso Spiritu lapidifico tanquam principio seminali est, quòd generatur lapis & non metallum.

Cap. XI.
DE LAPIDIBUS VULGARIBUS.
PRÆCEPTA.

I.

L*apis vulgaris* est, qui propter annexam impuritatem est vilis.

II.

Estque vel *porosus*, qui ex partibus cavernosis non benè inter se compactis constat; ut est *Tophus* & *Pumex*; quorum ille partès habet cavernosas, adeoque lapis est arenosus, cujus arenæ usus multiplex est, tum in culina, tum in Chymia; hic, nempe pumex, spongiæ instar est fistulosus & rarus, aptus ad lævigandum & expoliendum; vel *solidus*, qui ex partibus benè inter se compactis constat: Estque (1) *Petra* sive *Rupes*, qui magnum habet usum in ædificiis exstruendis. (2) *Saxum*, qui est lapis è rupibus excisus. (3) *Silex*, qui est lapis solidus, ex quo ferramenti incussu ignis elicitur. Hujusque species nobilissima est *Pyrites*, vulgò *Marcasita*, qui est lapis igniparus, æternus ignis thesaurus. Hic lapis aliquoties ignitus & in vino extinctus, calculosis prodest. (4) *Smiris* est lapis durior, quô vitrum finditur; Estque velut vicarius Adamantis. (5) *Cos* est lapis solidus, quo ferrum acuitur. Nobilissima ipsius species est coticula, sive *lapis lydius*, quo metalla probantur. (6) *Glarea* sive *Scrupus*, itemque calculus dictus, est lapillus in rivis & terra frequens.

AXIOMATA.

I.

NOn omninò nihil dicunt; qui generationem lapidum vulgarium describunt, in hunc modum: Quando quatuor Elementa suum vaporem stillant in centrum terræ, Archeus terræ eundem ejicit; Hic vapor, dum per varia impura loca transit, trahit secum omnem impuritatem in superficiem usque terræ; Eam posteà congelat aer, & tum fiunt petræ, lapides & montes lapidosi, secundum magnos & parvos poros.

II.

Generantur itaque ex viscosâ, crassâ & planè terrestri materiâ: Quomodo videmus calculos vesicæ & renum generari, itemque lateres & ollas ex terra glutinosâ ad Solem vel ignem exsiccari.

III.

Posse lapidem seipso fieri graviorem, clarum est.

Cap. XII.

DE LAPIDIBVS PRETIOSIS NOBILIORIBUS, h. e. GEMMIS.

PRÆCEPTA.

I.

GEmma (dictæ quasi gummi, quòd videantur saxorum in terræ visceribus exsudantium gummi; siquidem subtilior in his latens materia abit in gemmas:) sunt purissimi & pretiosissimi lapides, simul ac durissimi & pellucidi, operationibus valdè nobilibus præditi: ex terra viscosa, valdè subtili, tenui & fixâ, peculiari cœli influxu geniti.

II.

Species Gemmarum sunt (1) *Adamas*, est Gemma translucida, inenarrabilis duritiei ac pretii, colore ferro candenti non absimilis. Ejus *virtus* naturalis est, resistere melancholiæ & terroribus cordis; & hebetare vim magnetis ne ferrum trahat. In cælando quoque magnum præbet usum: *censetur* autem *Adamas Orientalis seu Indicus optimus.* (2) *Smaragdus* est gemma coloris viridis, ejusque lucidi, quanquam quodammodò terreni, caloris impatiens, maximeque fragilis. *Virtus* ejus est: resistere veneno; sedare affectus animi; adversari vertigini, epilepsiæ & dysenteriæ; maximè verò creditur veneri inimica. (3) *Sapphirus* est gemma transparens, coloris cærulei ac duritiei insignis. Ejus *virtus* est: resistere melancholiæ; cor corroborare; super ulcera pestifera impositæ halitus venenatos attrahere; si ab impuro & venereo gestatur, gratiam & nitorem amittit. (4) *Carbunculus* est gemma lucidissimi ignis flammam colore repræsentans, adeoque noctu etiam lumen præbens, sicque inter omnes Gemmas veluti Sol eminens.

Di-

Dicitur alias *pyropus*. Ejus *virtus* est: resistere veneno; confirmare Spiritum vitalem; melancholiam & libidinem coërcere. (5) *Chalcedonius* sive *Charcedonius* est gemma subpurpurea instar stellæ claræ refulgens. *Virtus* est: omnes corporis spiritus purgando & illustrando tristitiam metumque pellere, atque cor exhilarare. (6) *Asterites* est gemma dura, splendida ac quasi crystallina; quæ, cum convertitur, Solem, aut rectiùs Lunam plenè lucentem, in sui medietate repræsentat: Quâ ipsâ signaturâ monstrat, vires lunares hic dominari; quemadmodum solares in Carbunculo. (7) *Chrysolithus* est gemma lucida, aurei coloris, varietate & nitore lucis nitens. *Vis* ejus eadem quæ Topazii. (8) *Topazius* est gemma itidem coloris aurei, sed non adeò lucida, sistit sanguinem, sitim mitigat, & libidinem coërcet. (9) *Onyx* est gemma pellucida, colorem unguium in digitis humanis referens. Roborat vires corporis, veneremque cohibet. (10) *Sarda* sive *Sardius*, est gemma fulva, seu corneo colore rubens. Ejus species est *Carneolus*, qui sistendis mensibus & ficubus ani conducit. (11) *Sardonyx* est gemma transparens, ex Sarda & Onyche quasi composita, utilis est ad castitatem, plurimumque conducit ad unguium exulcerationes. (12) *Rubinus* est gemma rubea, per tenebras in speciem scintillæ alicujus micans. Visum clarificat & insomnia tristia arcet. (13) *Hyacinthus* est gemma violacei coloris, & propter congenitam lucem scintillare videtur: corroborat cor, & spiritum vitalem, conciliat somnum, & præservat à peste, de collo suspensa. (14) *Amethystus* est gemma coloris violacei permixto purpureo, quæ umbilico imposita vini vaporem extinguit, ebrietatemque solvit; Hominem quoque à contagio liberat. (15) *Jaspis* est gemma viridis, maculis sanguineis interpuncta, cor exhilarat; sanguinis fluorem cohibet; partum juvat, & castitatem pro-

 mo-

movet. (16) *Achates* est gemma crocei coloris. Confert ictui scorpionis, aliisque venenis. (17) *Turcois* est gemma obscurior, coloris cærulei ex viridi relucentis. Recreat cor, & oculorum imbecillitati conducit. (18) *Chrysoprasus* est gemma lucida, aurei coloris, varietate & nitore lucis nitens. Ad cordis confortationem & oculorum caliginem atque tenebrositatem valet.

AXIOMATA.

I.

ID videtur vero proximum, gemmas omnes ex fluida materia originem ducere.

II.

De gemmis rectè dicitur, quòd Deus O. M. cœlum quasi terræ admiscuerit, & Solem in tam exiguis corpusculis concluserit.

III.

Cùm fallax mundus plures in gemmis fraudes tentet; *gemmas veras à falsis dignoscimus Limâ, Tactu* & *Pondere.*

IV.

Solum hirci sanguinem Adamantem domare, fabula est.

Cap. XIII.

DE LAPIDIBUS PRETIOSIS IGNOBILIORIBUS.

PRÆCEPTA.

I.

L*Apides pretiosi ignobiliores* reperiuntur vel extra animalium corpora, vel intra ea.

II.

Extra animalium corpora quæ reperiuntur, recensenſentur octo ſpecies hoc ordine: (1) *Magnes* eſt lapis colore ad cæruleum vergente, in quo duo ſunt maximè notanda, nimirum, tractio ferri, & converſio ad Polos Mundi; Quæ magnetis vis, ut eſt inventa caſu, ita cauſam ejus non eſſe aliam, præter mutuum rerum naturalium conſenſum ac diſſenſum, certum eſt. *Vires* naturales magnetis ſunt: purgare humores craſſos, & ſiſtere dyſenteriam. (2) *Cryſtallus*, candore ſimilis Adamanti, refrigerat & adſtringit, ſitim reſtinguit & vertigini adverſatur; Lac quoque mulieribus auget. (3) *Corallus* ſive *Corallium*, ſub aquis eſt lentor ramoſus, viridis & mollis; ſed, cùm primùm aëri exponitur, lapideſcit & rubeſcit; qui rubor intendi creditur, ſi à viro geſtatur; remittere, ſi à muliere. *Uſus* ejus in Medicina permagnus eſt, in renum ac veſicæ calculo, & in morbo comitiali. (4) *Hæmatites* eſt lapis ferrugineo colore, cui venulæ ſanguinolentæ admixtæ ſunt. Hic ſanguinem undiquaque fluentem ſiſtit, & valdè refrigerat. (5) *Galactites* eſt lapis calore cineritio, nomen ſortitus à lacte: partum juvat; lactis fæcunditatem parit, & ad fluxiones atque ulcera oculorum conducit. (6) *Aëtites* eſt lapis punicei coloris, promovens ac accelerans partum. (7) *Marmor* eſt lapis variis coloribus commendabilis; cujus præcipuæ ſpecies ſunt: *Porphyrites*, *Alabaſtrites* & *Ophites*. (8) *Sarcophagus* eſt lapis coloris ſubcinericei, ſine dolore exedens carnes in corpore humano ſupervacuas aut corruptas, & dolores podagricos mitigans.

III.

Intra animalium corpora quæ reperiuntur, illorum vulgò ſeptem recenſentur ſpecies: (1) *Chelidonius* in ventriculo pullorum hirundinis creſcere dicitur; Eſtque rufus vel niger. Maniacis, Epilepticis & Lunaticis commendatur. (2) *Alectorius* creſcit in ventriculo capi, anno ætatis quinto vel novo, venerique conducit. (3) *Bufonites* in capite bufonis nasci dicitur, & venenis quibuscunque resistere creditur. (4) *Lapis carpionis* reperitur in piscis hoc nomine dicti faucibus, colore exterius candido, intus verò subflavo: Ad ebullitionem bilis, quam sodam dicunt, conducens; sic & sanguis è naribus super hunc lapidem stillans in hæmorrhagiâ sisti creditur. (5) *Lapis percæ* invenitur in piscis hoc nomine dicti capite, cujus virtus non est adeò celebris. (6) *Oculi cancrorum* reperiuntur in cancris, maximè fæmellis: vis eorum magna est, ad coagulati sanguinis dissolutionem & expulsionem; magna item in frangendo calculo. (7) *Margaritæ* ex rore cœlesti gignuntur in ventre concharum marinarum, itemque ostreorum marinorum. Earum *virtus* est, corroborare cor & spiritum vitalem; vertiginem quoque & alios capitis affectus curare.

AXIOMATA.

I.

QUòd Magnes ferrum trahat, optimè sciverunt Veteres; quòd verò perpetuò ad polum mundi sese convertat, nesciverunt: sed postquam hoc innotuit orbi, maximum incrementum attulit navigationibus.

II.

Qui dicunt Magnetem non attrahere ferrum, sed ferrum pulsum appropinquare ad magnetem, in vocabulis ludere videntur.

III.

Sitne verum, aquilas nidis suis lapidem aëtitem imponere, ut pullos suos à serpentum, aliorumque insectorum venenis tutos reddant, dubium est.

Cap. XIV.
DE METALLIS.
PRÆCEPTA.

I.

Metalla (dicta quasi μετ' ἄλλα, quod unius metalli vena propè aliam reperiatur:) communiter definiuntur: Quòd sint mineralia sub malleo ductilia & igne fusilia; ex semine metallico, ad principia magis aquea quàm terrea deflectente, prognata.

II.

Causa metallorum *Efficiens* est *Interna*, nempe vis formatrix in spiritibus mercurialibus & sulphureis, vel *Externa*, estque partim influentia cælestis, partim ignis subterraneus.

III.

Materia metallorum alia est *Remota*, nempe vapor spirituosus: Alia *Proxima*, nempe aqua viscosa, mercurialis & sulphurea cum sale.

VI,

Affectiones metallorum sunt (1) Grandescere per additamenta. (2) Esse ramosa. (3) Tinnire. (4) facilè concipere ignem. (5) esse ponderosa.

V.

Differunt inter sese Metalla, quòd alia sint *Perfecta*, quæ & substantiâ & accidentibus absoluta sunt, omniaque ignis examina sine detrimento sustinent; ut sunt: (1) *Aurum*, (Chymicis Sol:) quod est metallum perfectissimum & splendidissimum; ex mercurio perfectissimè excocto, atque sulphure rubeo præstantissimo, & sale optimo genitum. (2) *Argentum* (Chymicis Luna:) quod est metallum purum & perfectum; ex mercurio perfecto, puro ac claro; sulphure albo & sale genitum.

Alia *Imperfecta*, quæ nec ſubſtantiâ nec accidentibus abſoluta ſunt, & absque detrimento ignis examina non ſuſtinent; ut ſunt: (1) *Æs*, ſeu *Cuprum*, (Chymicis Venus:) quod eſt metallum imperfectum, durum; ex plurimo ſulphure rubeo, craſſo & nondum maturato, & pauco argento vivo, ſaleque impuriore genitum. (2) *Ferrum* (Chymicis Mars:) quod eſt metallum imperfectum, durum; ex plurimo ſulphure crudo, terreſtri & indigeſto, & pauco argento vivo, ſaleque impuro genitum. (3) *Stannum*, (Chymicis Jupiter:) quod eſt metallum imperfectum, molle, album; ex multo argento vivo minus perfecto, & pauco ſulphure impuro, nec benè digeſto, ſaleque genitum. (4) *Plumbum*, (Chymicis Saturnus:) quod eſt metallum imperfectum, molle, lividum; ex multo argento vivo impuriore, & ſulphure pauco itidem impuro ac fætido, ſaleque genitum.

AXIOMATA.

I.

COncreſcunt metalla in venis plerumque filatim aut pectinatim; utplurimùm etiam per lapides diffuſa obſervantur.

II.

Metallorum transmutatio jucundum Alchymiſtarum videtur ſomnium.

III.

Sic &, an vulgata Chymicorum principia ex metallis aut mineralibus ullâ arte eruantur? incertum admodum eſt & dubium.

IV.

Uti *Gallinas inauratas* ridemus; ita de *auro potabili* judicium ſuſpendimus.

CAP.

Cap. XV.

DE MEDIIS MINERALIBUS.

PRÆCEPTA.

I.

MEdia Mineralia vocantur omnia illa perfectè mixta inanimata, quæ mediam quasi naturam habent inter Metalla & Lapides: adeoque ambigunt inter ea, ita, ut quadantenus naturam eorum participent; quadantenus verò rursus ab eâdem discedant: uti analysis eorum docet.

II.

Suntque *duplicia*: alia nempe quæ liquari possunt; alia quæ emolliri quidem, non tamen liquari possunt.

III.

Quæ liquari possunt, vulgò vocantur *succi Minerales*; quorum *species* nobiliores sunt decem. Nempe (1) *Sal*, quod est corpus metallicum friabile, ex succo humido-aqueo & crasso terreo mixtis & coctis, genitum. Hujus *genera* præcipua sunt quatuor: Nimirum (1) *Sal commune*, quô quotidiè omnia cibariorum genera condiuntur; ut inde meritò condimentum condimentorum appelletur: Hoc calore Solis, vel artificio coctionis, ex aquis marinis, stagnalibus vel salsis fontanis eruitur: unde vel *naturale* vel *factitium* est. Atque hoc sal liquescit ab igne, detergit, adstringit, incidit, penetrat, & ab omni corruptione præservat; vim quoque genitricem corroborat. (2) *Sal Armoniacum*, quod est amarissimum, & sub arena ardentissima in Cyrenaica regione oritur. Hoc volatilis est naturæ; utpote, quo fixa sublimari & exaltari possunt. (3) *Sal Gemmæ*, quod ex fodinis promitur, atque Crystalli in morem translucet & candidum est; quale in Polonia effoditur. Dicitur strumam pellere. (4) *Sal Petræ* sive *Nitri*, aliàs sal fusile & nitrum: quod *paratur* Naturâ & Arte. *Naturâ* quando in locis subterraneis humor in quo latet, beneficio caloris in vapores adigitur; tum enim humor iste post se relinquit sal, instar stiriæ dependens à siccis locis. *Arte*, quando ex terra matre, (quæ scil. illud continet,) vel ex cœmeteriis, fimetis aut ejus generis terris producitur: Estque magna hujus salis vis in Medicina; quoniam hoc sal est præcipua clavis & Janitor primarius artis, qui aperit corpora etiam durissima, solidissimaque, tam lapides, quàm metalla: coquitur etiam ex eo *pulvis pyrius* seu tormentarius dictus. (2) *Sulphur*, est succus mineralis, constans parte unâ inflammabili & gravem odorem de se præbente; alterâ terreâ, crassâ, fixâ, succum chalcantosum admixtum habente. Estque duplex, colore & viribus diversum, nempe, *Vivum & Cinereum*, quale in mineris occurrit; & *subflavum*, ab arte paratum, cujus generis est sulphur nostrum commune. (3) *Victriolum*, est succus concretus, perspicuitatem vitream obtinens: Latinis atramentum sutorium appellatur; quòd pro pellibus nigro colore inficiendis adhibeatur. Dicitur etiam *chalcantum*; Et continet hic succus tertiam ferè totius Medicinæ partem. Et quanquam multa sint Victrioli genera, omnibus tamen *præstant Hungaricum & Cypricum*. (4) *Nitrum*, de quo jam est actum sub speciebus salis. (5) *Alumen*, est salsugo, vel salsus sudor, terræ, ex aqua limoque concrescens: Estque vulgò quadruplex: *Catinum, Rocha, Scajolæ, Zucharinum*: quibus alii addunt *Plumosum*; quod ultimum præ aliis celebratur, quia ex eo parantur Ellychnia incombustibilia. (6) *Bitumen* est succus terræ pinguis, lentus, tenax, pici similis, facilimè ignem concipiens. Hujus generis sunt Asphaltus,

Suc-

Succinum, Naphtha, Ambra &c. E quibus *Succinum* sive *Electrum* est sudor maris pellucidus, trahens paleas & alia minuta corpora, si paululum incalescat motu: resistit etiam Epilepsiæ, imprimis album, si redigatur in oleum. *Naphtha* autem est bitumen liquidum, olei lentore & crassitie, ignem è longinquo ad se trahens, accensum autem aquæ vim eludens. (7) *Arsenicum* & *Auripigmentum*, nativi sulphuris species; quamvis venena sunt, habent tamen suum in carcinomatis, si legitimè præparantur, usum: usque adeò verum est illud: *Nihil est in Natura quod non prosit Homini.* (8) *Antimonium*, sulphuris genus, Hermeticis notissimum, qui ex illo parant Triumphos in morbis sanandis, & *vitra*; quæ tamen à vitro communi, ex arena splendente, ex silice fluviatili pellucido, vel aliâ materiâ parato, planè sunt diversa. (9) *Cerussa*, quæ gignitur ex plumbo: Refrigerat, exsiccat, adstringit. (10) *Bismuthum*, minerale durum & fragile, flavedinis albicantis, mercurialem & sulphuream naturam non obscurè repræsentans. Easdem ferè cum Antimonio vires obtinet.

IV.

Media Mineralia *quæ emolliri quidem, non tamen liquari possunt*, dicuntur *Terræ Metallares*, quarum species nobiliores sunt undecim: Nempe (1) *Creta*, quæ est terra tenax & alba, quæ, quia potissimum in Insula Creta effoditur, (siquidem & in Germania & Dania invenitur, & heic quidem albissima:) ab ea nomen accepit. Est autem *usus* ejus præcipuus, ad dealbandum, utque inserviat scripturæ extemporaneæ. (2) *Cinnabaris* est minerale coloris sanguinei, quo pictoribus inservit. Foditur in Armenia. (3) *Ochra* est terra levissima & lutea, è qua exusta in ollis novis luto circumlitis fit *Rubrica fabrilis:* quæ tamen etiam est nativa. (4) *Terra Lemnia* est terra impensè rubens, in Insula Lemna effossa, dicitur

tur etiam *Terra sigillata*, quòd Dianæ Sacerdotis sigillo obsignaretur olim, ad evitandum fucum. Hodiè advehitur Constantinopolim, ut Sultani Turciæ sigillum imprimatur. Hæc adversus venena maximè valet, morbosque malignos. Hodie tamen non in Silesia solùm, sed & in Comitatu Labacensi, (quā jussu Illustrissimi Comitis, nunc beatæ memoriæ, nos, sub titulo PANACEÆ LABACENSIS olim Marburgi descripsimus:) ejusmodi terra effoditur, Lemniâ parum aut nihil deterior. (5) *Terra Armenia* est terra pallida in Armenia effossa, undè & *Bolus Armenus* dicitur. Hujus præter alexipharmacam, insignis quoque exsiccandi vis est: unde in Dysenteria, pulmonis ulcere, alvi profluviis quibuscunque, imò defluxionibus catarrhosis quoque insigniter prodest. (6) *Terra Samia*, sive *Samius Aster*, quòd stellis interpungatur, est terra candida, tenax & viscida, ex Samo insula apportata: cujus *virtus* est exsiccare, veneno resistere, & sanguinis fluxum coërcere. (7) *Marga* est terra alba, pinguis & quasi terræ quidam adeps; unde etiam ad agros stercorandos ejus usus est. (8) *Argilla* est terra tenax, pinguis & lenta, è qua figulina fiunt vasa. Et quidem latet in hâc terra Spiritus maximarum virium; non tamen propterea rectè dicitur *Terra Adamica*. (9) *Calx* viva est terra siccior, è lapide cocta, & dicitur viva, quod occultum in se continet ignem, qui aquâ incenditur, oleo autem extinguitur. (10) *Ampelitis*, sic dicta, quòd viti circumlita nascentes in ea vermes interimat, vulgò appellant carbonē terrestrem seu lapideum, quòd in multis Germaniæ montibus, apud Scotos etiam, instar carbonum scissilis eruitur. Est autem terra bituminosa, assulosa, & colore atra, lippis ac tonsoribus nota, quòd in fabrorum officinis ad fovendum ignem adhibeatur. (11) *Gypsum* est terra candida, tenax & levis, calci cognata, (unde & Germamanis Sparrcalch dicitur:) sed non ita calida, ex summa tellure effosa.

AXIOMATA.

I.

SUccos sulphureos & bituminosos omnes ex aqua, sale, & subtili terra prodire, omnesque fortè res inflammabiles ex iis principiis constare, extrema in eadem analysis docere potest.

II.

Quemadmodum Gummi & Resinam in plantis, ex partibus oleosis & acidis unà commistis prodire est verisimile, ita nec aliter fortè succinum, sulphur & omnia bitumina in terræ penetralibus formantur.

III.

Probabilius nobis videtur *vim electricam* non in sola qualitate, vel in Sympathia quæ inter succinum & paleam reperitur, sed in effluvio substantiali; in tenui scilicet & viscoso halitu positam esse, eamque non à calore quovis, sed certa ratione modificatô excitari.

IV.

Et sales commodè in inflammabiles, & eos qui inflammari non possunt, dividi censemus.

V.

Terras, prout aut steriles sunt, aut pingues, aut frugiferæ, ita & coloris ratione (inter quos colores *candor fortè terræ est nativus*) differre statuimus.

VI.

Naphtha per ignem ignem trahere videtur.

VII.

Aquam fugiens in calce vivâ ignis avolat, solutis ab aqua compedibus.

IIX.

Similiter nec nitrum propriè accendi, sed ab igne potius aufugere putamus.

TRACTA-

TRACTATVS IV.

DE

CORPORIBUS PERFECTE MIXTIS ANIMATIS IN GENERE ET IN SPECIE.

PARS PRIMA,

DE

PLANTIS.

CAPUT I.

DE ANIMATO IN GENERE.

PRÆCEPTA.

I.

A*Nimata* sunt corpora naturalia mixta, quæ è semine vegetabili procreantur.

II.

Adjuncta eorum sunt generatio & vita.

III.

Partes eorum sunt anima & corpus organicum.

IV.

Species animatorum sunt: Planta, Brutum & Homo.

AXIOMATA.

I.

COrpus animatum est, quod habet animam, adeoque est concretum ex corpore organico quod habet animam, & ex anima quæ habetur.

II.

Omne Animatum præstantius est Inanimato.

III. Dis-

III.

Differunt in eo maximè Animata ab Inanimatis, quòd hæc moventur duntaxat; Illa verò seipsa etiam movent, neque tantum ab alio moventur: sive motus ille sit secundum se totius, sive alicujus saltem partis.

Cap. II.

DE VITA ET MORTE,

UBI ET

DE CALIDO INNATO, ET TERMINO VITÆ.

PRÆCEPTA.

I.

V*Ita* est actus corporis viventis, à quo proveniunt operationes vitales.

II.

Nomen vitæ in genere sumitur dupliciter: vel *substantialiter*, pro actu primo, à quo velut principio vitales actiones proveniunt: & hæc acceptio est hujus loci: vel *accidentaliter* pro actu secundo, sive operationibus vitalibus, quales sunt: Nutritio, Accretio, Pulsus, Spirituum elaboratio, &c.

III.

Subjectum vitæ est corpus naturale vivens: Adeoque totum compositum dicitur vivum, uti totum dicitur Animatum: *Loquimur autem de vita Naturæ composita, non Animæ separatæ aut Genii.*

IV.

Affectio vitæ est *Ætas*; quæ est mensura numerata durationis vitæ. Et dividitur in *crescentem*, quâ vigor augetur usque: eaque complectitur *Infantiam*, quæ sese porrigit à primo ortu ad annum quartum, *Pueritiam* ad annum decimum sextum, & *Adolescentiam* ad

annum

annum vigesimum sextum. In *constantem*, quâ vigor durat usque: eaque complectitur *Juventutem*, quæ porrigitur ad annum trigesimum, & *virilem ætatem*, quæ inde extenditur ad annum quinquagesimum; & denique in *decrescentem*, quâ vigor minuitur usque: eaque complectitur *senectutem*, eamque *viridem*, ad annum sexagesimum, *gravem* ad annum octuagesimum, & *decrepitam*, quam eleganter describit Ecclesiastes c. 12. v. 1. 2. &c. & durat ad finem vitæ.

V.

Oppositum vitæ est *Mors*, quæ est defectus vitæ, ex separatione animæ & corporis, ob defectum caloris nativi. Estque vel *Naturalis*, quando temporis longinquitate nativus calor tandem consumitur: vel *violenta*, quando per vim externam calor destruitur.

AXIOMATA.

I.

CUm, quid vitæ nomine sit intelligendum, non satis liqueat apud Philosophos, hinc, *in quo ratio vitæ posita sit, vix quisquam clare & evidenter explicabit.* Deprehenditur autem vita vel maximè hinc, quòd res seipsam moveat.

II.

Vita ergò substantialiter sumpta non videtur realiter differre ab Anima; ipsumque adeò *vivere, viventibus Esse est.* *Propriè tamen vita neque substantia est, neque accidens, sed Motus substantialis, per quem anima influit in corpus, sibi unitum:* Adeoque dicitur ipsa anima vita esse, quatenus vitalium actionum principium est, uti hæc pluribus demonstravimus in Disputationibus nostris *de Vita & Morte*, olim Marburgi habitis.

III.

Anima ergò vivit essentialiter: corpus per effieatem participationem: sicque fons & principium vitæ anima est, à qua dimanat in corpus, & vitales operationes perficit. Atque adeò *una eademque vita est qua vivit anima & compositum.*

IV.

Cum varient individua, & alia citius, alia tardius adolescant aut senescant; Fœminarum quoque, (quæ citius maturescunt,) à Viris diversa sit ratio, hinc Ætatum termini non sunt adeò exacti.

V.

Post toleratam senectutem, juvenilem ætatem restituere ne Dæmon quidem potest, ut taceam Hominem: utut etiam esset possessor lapidis Philosophici.

VI.

Inter Vitam & Mortem datur oppositio privativa: perit ergò *forma corporeitatis.*

VII.

In Homine, discedente anima à corpore, discedit una vita, sed non interit. In Brutis verò & plantis per mortem simul aboletur & corporis & animæ vita.

IIX.

Vivit tamen anima Hominis in corpore perfectiori modo, quàm cùm extra illud est.

IX.

Mors naturalis dicitur, non quòd sit de naturæ institutæ principio, sed, quòd sit de naturæ destitutæ imperio, & immutabili lege consequatur naturam corruptam.

X.

Vita consistit in mansione calidi, non quidem formaliter, sed materialiter.

XI.

Quemadmodum dari in natura aliquod calidum & humidum viventibus proprium, & Ratio probat, &

Experientia demonſtrat;] Ita equidem *Calidum* illud quod vulgò *Innatum* dicitur, nihil aliud quàm Spiritus vitalis; *Humidum* verò illud quod vulgò *Radicale* dicitur, nihil aliud quàm ſanguis, cui ſpiritus iſte ineſt, eſſe videtur: uti pluribus probavimus in Diſputatione noſtra *de Calido Innato & Humido Radicali*, olim Marburgi habitâ.

XII.

Et hoc ipſum Calidum Innatum cum influente, judicatur animæ & corporis vinculum, cujus extinctione Mors exoritur.

XIII.

Mortis cuique viventi *Terminus* fixus eſt.

Cap. III.

DE ANIMA ET CORPORE ORGANICO IN GENERE.

PRÆCEPTA.

I.

Anima eſt Principium intrinſecum principale operationum vitæ: ſeu: *Eſt forma* corporis naturalis organici, vitam & operationes vitales ipſi communicans.

II.

Derivatur vulgò nomen Animæ à Græco ἄνεμος ventus, quòd anima ſit ſubtilis inſtar venti, & principium operationum vitalium in corpore organico: ſicut ventus eſt principium motus in rebus artificialibus.

III.

Dividitur Anima pro gradu perfectionis, quòd ſit alia *vegetativa*, alia *ſenſitiva*, alia autem *rationalis*.

IV.

Subjectum informationis animæ in genere ſumtæ

 eſt

est corpus organicum; quod definitur vulgò: *Corpus organicum* est materia eleganter & artificiosè in varia organa, ad certas operationes idonea, divisa.

V.

Estque aliud *Plantarum*, aliud *Brutorum*, aliud *Hominum*.

AXIOMATA.

I.

ETsi in quolibet vivente necessariò duæ partes distinguantur: una, quæ est visibilis & palpabilis, quæ dicitur corpus: altera quæ est invisibilis & impalpabilis, quæ dicitur Anima: *Nullius* tamen *penè rei vaga magis & incerta esse videtur notio, quàm ipsius animæ*; siquidem Plantis, Bestiis & Homini animam tribuimus, & vitam, cùm tamen ex omnibus illis quæ afferri solent animæ definitionibus, vix ulla omnibus viventibus univocè sumtis, convenire videatur.

II.

Quemadmodum *S. Thomas* 1. part. quæst. 18. art. 1. rectè triplicem animarum speciem colligit in viventibus; ita *Anima in corpore quod informat tantùm una est*: adeoque vel est vegetativa tantum; vel vegetativa & sensitiva simul; vel vegetativa & sensitiva est rationalis.

III.

Anima in se considerata nec est accidens, nec substantia, nec corpus, nec spiritus; saltem si sermo sit de Anima in genere. Anima autem in relatione & respectu ad corpus organicum & vivens, communiter dicitur sese habere per modum Formæ, ut corpus organicum se habet per modum Materiæ.

V.

Corpora viventium in hoc distingvuntur à non viventium, quòd illa sint organica, hæc verò non.

V.

Organa corporis viventis sunt partes heterogeneæ & dissimilares viventis: *partes* verò *organorum* constant ex particulis homogeneis, minimum quoad sensum.

CAP. IV.

DE PLANTIS IN GENERE.

PRÆCEPTA.

I.

P*Lanta* est corpus animatum vegetans: hoc est; nutriendi generandique facultate præditum.

II.

Partes ejus *Essentiales* sunt Anima vegetativa & corpus organicum: *Integrantes* sunt cortex, folia, flores &c.

III.

Species plantarum duæ sunt: Herba & Arbor.

AXIOMATA.

I.

PLantarum doctrina Physico est necessaria, Medico proficua, ambobus jucunda.

II.

Vitæ plantarum indicium præcipuum esse potest hoc, quòd partes earum ita sint inter se connexæ, ut aliæ aliis indigeant, quod in lapidibus & rebus omni vitâ destitutis non cernimus.

III.

Quemadmodum itaque, esse in plantis formam quandam substantialem & absolutam, quæ partes cujusque plantæ certa lege disponat, & illius vitæ, quam in plantis cernimus, functiones exserat, nemo facilè dubitabit: Ita, *quodnam illud sit, quod Animam & Formam plantæ dicimus? id equidem valdè dubium esse & obscurum, fateamur oportet.*

IV. Ut

IV.

Ut ergò in re tam obſcura tutius fortaſſe fuerit aſſenſum cohibere: Ita quàm proximè ad veritatem nobis accedere videtur illa Illuſtris *Verulamii* ſententia, quâ in viventibus potiſſimùm duo putat ſpectari oportere: corpus videlicet ſenſibile & ſpiritum, ſeu corpus ſubtile & vegetum, omnis motionis opificem, quique ex effectis ſe prodit: ut ita *Forma nomine hic veniat pars plantæ ſubtilior, & actuoſa*, quæ ex alia forma decerpta, motus intimum ſit principium, & ideæ divinæ præcipuum inſtrumentum.

V.

Atque ex his dictis, *Plantam interire etiam per corruptionem naturalem aut violentam*, patere poterit ultrò.

VI.

Species plantarum uti infinitæ ferè ſunt, ita eas omnes commodè complecti ſub duabus, ipſe ſacer codex docet.

VII.

Sexum plantis ineſſe negamus: Sympathiam tamen earum multivariam notamus.

IIX.

Plantarum Anatomiam, illâ quæ in Animalibus inſtituitur, non eſſe minus jucundam ac utilem exiſtimamus.

Cap. V.
DE ANIMA VEGETATIVA.
PRÆCEPTA.

I.

Anima Vegetativa* eſt Principium intrinſecum principale vegetationis: ſcilicet, nutritionis, accretionis & generationis, ſeu: Anima Vegetativa *eſt forma* *plantarum*, quâ nutriuntur, augentur, & sibi simile gignunt.

II.

Effectus ejus est vita. De quâ ante.

III.

Facultates seu potentiæ hujus animæ vulgò distinguuntur in *Principes* seu primarias, quæ in actionibus edendis dominantur, certasque adhibent famulas; ut sunt: *Altrix, Auctrix & Procreatrix*: Et *Ministras* seu secundarias, quæ primariis illis inservire creduntur; & quidem Altrici *Attractrix, Retentrix, Concoctrix & Expultrix*: Procreatrici verò *Formatrix*.

AXIOMATA.

I.

Anima Vegetativa Forma Generica est, & plures formas specificas infra se collocatas habet: siquidem alia forma est absinthii, alia rosæ, alia quercus, alia tiliæ &c. quæ tamen, quod superiorem gradum non habent, communi illo nomine appellantur.

II.

Anima Vegetativa in se considerata non est Accidens, nec Substantia Spiritualis, ob suam divisibilitatem; nec fortè corpus aliquod simplex, sed mixtum aliquid ex subtilissimo flore Elementorum, seu ex subtilissimis, mobilissimis & actuosissimis corpusculis, similibus iis ex quibus ignis constat: & proinde compositum aliquod generabile & corruptibile: In ordine tamen ad vivens creditur esse per modum Formæ, sicut corpus organicum per modum Materiæ.

III.

Revera itaque *Anima Vegetativa*, (*& fortasan quoque sensitiva:*) *videtur esse quadam flammula in corporis viventis poruli existens*, quæ, quamdiu viget, seu ma-

manet accensa, tamdiu vivit planta, (& fortean Animal:) cùm verò amplius non vivit, extinguitur.

IV.

Neque tamen idem est *Anima & Calidum Innatum*, sed *differunt*, ut causa Efficiens principalis & Instrumentum.

V.

Cùm etiam *potentia* illæ *animæ*, ab anima separatæ existere nequeant; idcirco *non videntur distingui realiter ab ipsa anima.*

VI.

Cùm etiam videamus, nullam esse in partibus Attractionem propriè sic dictam, sed potius motum omnem fieri per pulsionem, *fortean quatuor illa Facultates Ministra commodè per fibrarum nervearum debitam extensionem, contractionem, laxationem, & alios similes motus explicari poterunt.*

Cap. VI.

DE FACULTATE ALTRICE, SEU *DE POTENTIA NUTRITIVA.*

PRÆCEPTA.

I.

F*Acultas Nutritiva* est, facultas animæ vegetativæ, quâ id, quod quotidiè de partibus viventibus absumitur & effluit, ex alimento extrinsecus assumto, & in substantiam corporis viventis converso, restauratur.

II.

Operatio ejus seu actio dicitur *Nutritio*, quæ est aggeneratio partium materiæ, quæ in viventibus fit per intus-susceptionem alimenti, prius præparati, concocti, & conversi in substantiam viventis, quo illud servari possit ad illud tempus, quod ipsi à Natura est praescriptum,

III.

Causae Nutritionis sunt: (1) *Efficiens principalis*, Anima vegetans; *Minus principalis* alia est *Impulsiva*, ut est *Fames*, quae est appetitio calidi & sicci: Et *sitis*, quae est appetitio frigidi & humidi. Alia *Instrumentalis*, quam constituunt *Ignis vitalis* quô anima utitur; & certae corporis partes, operationi huic dicatae. (2) *Materia*, eaque *ex quâ*, ut est *Nutrimentum*, quod est substantia corporea mixta, corruptibilis, calida & humida, rei quae nutritur non omninò similis, nec omninò dissimilis; & *in quâ*, estque subjectum illud quod nutritur, quale sunt corpus vivum ejusque partes. (3) *Forma*, ut est conversio alimenti in substantiam animati, (4) *Finis*, qui est, ut restauretur quod quotidiè absumitur; atque sic corporis animati vita continuetur.

IV.

Ordo Nutritionis in Animalibus praecipuè declaratur per tres coctiones, diciturque (1) χύλωσις, chylificatio, quae est productio chyli in ventriculo. (2) αἱμάτωσις, sanguificatio, quae est productio sanguinis in corde. (3) ὁμοίωσις, assimilatio, quae est conversio sanguinis in substantiam corporis ejusque partium.

V.

Denique subservire Facultati Nutrici dicuntur *Facultates ministrae* quatuor, diciturque (1) quae alimentum attrahere creditur, Attratrix: (2) quae alimentum attractum retinere creditur, Retentrix; (3) quae alimentum alterat, Concoctrix; (4) quae ad nutritionem inepta ejicit, Expultrix.

AXIOMATA.

I.

Omne vivens, quamdiu vivit, nutritur: & quidem

desi, nutriri dicimur ex iis , ex quibus constamus.

II.

Cùm homo sit vivens excellentissimum, *septem* circa ejus nutrimentum cumprimis ponderanda veniunt; nimirum, *Substantia, Quantitas, Qualitas, Consuetudo, Delectatio, Ordo,* & *Tempus.*

III.

Probabile est, illas quatuor *facultates ministras non distingui, nec inter se, nec ab anima vegetativa*; saltem respectu potentiæ principalis: Licet differre eas respectu facultatis organicæ, fortean non incongruè dicatur.

IV.

Benigniter ergò interpretandæ sunt hæ & similes veterum notiones, non statim ut inutiles rejiciendæ; cùm vel in lectione authorum lumen præbere queant.

CAP. VII.

DE FACULTATE AUGMENTATIVA.

PRÆCEPTA.

I.

F*Acultas Augmentativa* est vis animæ vegetativæ, quâ corpus animatum, ex assimilato alimento nutritum, in omnes dimensiones distenditur , ut justam magnitudinem ad edendas proprias & convenientes actiones consequatur.

II.

Actio hujus facultatis dicitur *Augmentatio* vel *Accretio*, quæ est motus corporis viventis, quo totum & omnes partes, secundum omnes dimensiones simul extenduntur ad majorem quantitatem, factus ab anima vegetante, per calorem naturalem ex alimento extrinsecus assumto, ut ipsum vivens debitam sibi magninitudinem assequatur, ad exercendas omnes operationes vitæ.

III.

Causæ hujus actionis sunt (1) *Efficiens*, eaque *principalis*, nempe Anima vegetans: vel *instrumentalis*, nimirum calor nativus, qui materiam præparat, apponit & extendit. (2) *Materia ex qua*, nempe ipsum nutrimentum extrinsecus assumptum. *In qua*, quæ est ipsum subjectum, h. e. ipsum corpus vivens, ejusque partes, quæ crescunt, & justo modo augmentantur. (3) *Forma*; quæ consistit in ampliatione & diductione corporis animati qua proportionabiliter, secundum omnes dimensiones extenditur. (4) *Finis*, qui est, ut acquiratur competens & perfecta quantitas, quæ ad ritè obeundas actiones est necessaria.

IV.

Conditiones Augmentationis sunt, quòd requiratur (1) ut ex aliqua extrinsecus accedente materia res major fiat. (2) ut idem numero & specie maneat subjectum quod augetur. (3) ut omnes & singulæ partes in longum, latum & profundum extendantur & crescant.

V.

Oppositum Augmentationis est *Decrementum*, quod est motus corporis animati, quo partes ejus omnes, post ætatis fastigium, à majore & perfecta magnitudine ad minorem, propter defectum caloris rediguntur, semperque ad interitum propius accedunt, usque dum vitam planè amittunt. Et hæc diminutio fit à defectu illarum causarum quæ augmentare debebant corpus.

AXIOMATA.

I.

Ex quibus alimur, ex iis augemur, fitque quoad tempus augmentatio simul cum nutritione: Imò, omnis

nis augmentatio est nutritio, licet non semper omnis nutritio, sit augmentatio.

II.

Augmentatio & Nutritio fiunt per poros.

III.

Opus Altricis facultatis est perpetuum, *auctricis verò non item.*

IV.

Augmenti unicuique rei terminus à natura est attributus.

V.

Forma auget corpus, ipsa verò *non augetur, tametsi se promoveat.*

CAP. IIX.

DE FACULTATE GENERATIVA.

PRÆCEPTA.

I.

F*Acultas Procreatrix* sive *Generativa* est vis animæ vegetativæ, qua vivens ex semine prolifico sibi simile gignit.

II.

Actio ejus dicitur *Generatio*, quæ est processio viventis à vivente principio conjuncto in similitudinem naturæ.

III.

Causa Generationis sunt (1) *Efficiens*, eaque *Universalis*, Deus nempe, & influxus corporum cælestium; vel *Particularis*, nempe ipsum vivens, quod sit in sua specie perfectum, non mutilatum, & naturali modo genitum. (2) *Materia*, nempe *semen*: quod est corpus spirituosum, calidum & humidum, ex ultimi & purissimi mi alimenti portione potentiâ generativâ ſecretum, & calore naturali excoctum ad fœtus procreationem. Eſtque illud ſemen in animalibus aliud *Maſculinum* & perfectius; aliud *Femininum* & impotentius. (3) *Forma*, quæ eſt ipſa productio fœtus & corporis viventis. (4) *Finis*, qui eſt propagatio ſpeciei, ejusdemque conſervatio.

VI.

Habet & hæc Facultas, juxta vulgatam ſententiam, miniſtram aliquam, quæ dicitur *Formatrix*, quòd ea in ſemine præparato membra omnia efformet, ut quantitatem, figuram, ſitum & cætera neceſſaria accipiant.

AXIOMATA.

I.

QUemadmodum cauſa efficiens quæ ſemen producit, emittit, miſcet in utero, conſtringit, membraque efformat, non eſt alia, ſi non Anima; ita certè *ſemen prolificum animatum eſſe* neceſſariò ſequitur.

II.

Aliter tamen illud ſemen ſeſe habere in plantis, aliter in animalibus, ultrò patet.

III.

Hoc ſemen, quo die exceptum fuit, ab eo conceptionis initium putandum eſſe, & non demùm ſeptimo à profuſo ſemine die, rectè ſtatuit *Hippocrates*.

IV.

Uti facultati formatrici alteratricem ſuperaddere non cenſemus neceſſarium, ita eos, qui majoris lucis ergò formatricem ſpecialius in *oſſificam, membranificam, nervificam, venificam*, &c. diſpeſcunt, propterea non increpandos judicamus: qui enim benè diſtinguit, benè docet: Nec tamen propterea ſtatim tot ſunt res diverſæ, quot nomina; Modus enim conſiderandi ſaltem variat;

riat: quamque Gentiles Philosophi semper admirati sunt, assequi tamen non potuerunt vim animæ vegetantis; nos, sacris literis edocti, non ex se animæ competere, sed à Creatore ei assignatam esse novimus.

V.

Dæmoni generationem adscribere ridiculum.

CAP. IX.

DE CORPORE PLANTARUM.

PRÆCEPTA.

I.

Corpus Plantæ est subjectum animæ vegetativæ, eleganter & artificiosè ad varias operationes, in specie, vitales, edendas constructum.

II.

Partes ejus *integrantes* sunt vel similares, vel dissimilares.

III.

Similares sunt: (1) *Succus*, qui, quasi sanguis plantarum, conservat vitam. (2) *Caro*, quæ est crassior stirpis substantia, musculis animalium respondens. (3) *Fibræ*, quæ sunt partes plantæ prælongæ & fissiles, quæ in totam plantam derivantur, sicuti venæ & nervi in animalibus. (4) *Cortex*, qui est veluti tunica ex fibris contexta, qua plantæ obducuntur.

VI.

Partes *Dissimilares* aliæ sunt *perennes*: ut (1) *Radix*, quæ quasi os in terra defixa alimentum attrahit. (2) *Caudex* vel *Caulis* à radice proximè supra terram assurgens, alimentum à radice delatum excipit, & ad reliquas partes defert. (3) *Matrix* seu *Medulla*, quæ est pars interna, constans ex carne & humore. (4) *Rami*, qui tanquam brachia à caule vel caudice in multitudinem diffunduntur: Aliæ *anniversaria*, ut sunt: *Folia*, *Flores*, qui potestate continent fructum, & tempore suo formant; Et *Fructus*, qui *Semen* est, nunc nudum, nunc carne obvolutum, ut plantarum propagatio fiat.

V.

Habent & plantæ sua *Excrementa*, qualia sunt: (1) *Muscus*, qui est excrementum herbaceum instar lanuginis in corticibus arborum pronascens, atque instar filorum dependens. (2) *Fungus*, qui est excrementum solidum, instar spongiæ plantis adnascens. (3) *Lachryma*, quæ est humor crassus, è plantis sua sponte exsudans: unde *Gummi*, *Resina*, *Viscus*.

VI.

Tandem & *corruptio* plantis accidit, eaque vel *naturalis*, quæ dicitur *Ariditas*, quando in plantis humidum nativum cum calore tandem absumitur: vel *violenta*, quæ vocatur *Marcor*, vel *Tabes*, quando plantæ corrumpuntur à principio externo, v.g. à frigore, calore, vel aliis hostibus.

AXIOMATA.

I.

Plantæ dum vivunt, germinant: *Germinationis* autem *causa* est *interna*, calidum innatum; *externa*, aura salubris & blanda.

II.

Plantas nasci sine semine, non credimus; etsi semen non semper incurrat in sensus.

III.

Viscum à solo turdo causari, commentum est.

IV.

Plantæ virtutes suas tenacissimè retinent, unde & varios germinationis modos observamus: ubi tamen semper ad naturam specierum & fæcunditatem locorum re-

recurrendum est; quæ causæ sunt, quòd plantæ ingentem sæpè magnitudinem consequuntur.

Cap. X.
DE HERBIS.
PRÆCEPTA.

I.

HErba est planta tenui caule humilius subsidens, & statim à radice folia fundens.

II.

Dividitur in Alimentosam, Medicamentosam, Mixtam & Neutram.

III.

Alimentosa est quæ gratum homini suppeditat cibum: cujus generis sunt *Fruges*, quæ sunt herbæ sativæ in agris nascentes: suntque iterum, vel *Frumentum*, quod spicam profert in culmo, ut triticum; & *Legumen*, quod granum in valvulis vel siliquis fovet, ut lens, faba, cicer, &c. Et *Olera*: Olus autem est herba sativa in hortis plerumque nascens, ut brassica, lactuca &c.

IV.

Medicamentosa, quæ remedia commoda præbet in usus hominum; sive ea sit peregrina, sive domestica, ut absinthium, fumaria, crocus, acorus &c.

V.

Mixta, quæ gratum homini suppeditat cùm alimentum, tùm medicamentum; quales sunt cæpa, allium, porrum &c.

VI.

Neutra, quæ homini nec alimentum nec medicamentum suppeditat: quales sunt multa gramina, aliæque herbæ solo nos colore oblectantes.

AXIOMA.

HErbarum species cùm infinitæ sint, nullaque ratione

ne subduci possint, nec ullius hominis industria omnibus colligendis hactenus suffecerit; omnium præterea Medicorum æquè ac Philosophorum libri de hactenus cognitarum virtutibus pleni sint; idcirco *hic sobriè de herbis philosophari nos voluimus.*

Cap. XI.

DE ARBORIBUS.

PRÆCEPTA.

I.

ARbor est planta valida, altius assurgens, à radice truncum crassum & lignosum fundens.

II.

Estque alia *Frugifera*, quæ fructum edit, ejusque nomine iterum est vel *Pomifera*, ut pomus, pyrus, prunus &c. vel *Baccifera*, ut vitis, olea, laurus, morus, myrtus &c. vel *Nucifera*, ut corylus, robur, pinus, myristica &c. alia *Sterilis*, quæ fructum nullum edit, ut salix, betula, buxus &c.

AXIOMATA.

I.

CUm *Frutex* arbor parva sit, & minor adhuc *Suffrutex*, hinc arboris nomine nobis venit non saltem quercus aut tilia, sed rubus etiam ac spinus.

II.

Anseres ex arboribus nasci, fabulam olet.

III.

Ut *fructum crudiorem habent arbores juniores*, ita fructum ferre suaviorem arbores mediocris ætatis, probat & Ratio & Experientia.

TRACTA-

TRACTATUS QUARTI
PARS SECUNDA,
DE
BRUTIS.

CAPUT I.
DE ANIMALIBUS IN GENERE.

PRÆCEPTA.

I.

Animal est corpus animatum sentiens, & loco se movens.

II.

Dividitur *ratione Essentiæ* in partes, quæ sunt, Anima sensitiva & Corpus organicum; vel *ratione universalitatis* in suas species, quæ sunt, Rationale & Irrationale; seu Brutum & Homo.

AXIOMATA.

I.

Animalis principium formale esse Animam sensitivam, unde vitam & sensum habet, res ipsa evincit: siquidem *præter organorum dispositionem plus requiritur, ut Animal Automaton seipsum movens appellari verè queat*. Quemadmodum vel ad Horologii actum non rotæ sufficiunt solæ, sed pondus insuper appensum, aut quod ponderis loco sit, requiritur, extra rotarum compagem aliud.

II.

Animal æquè Hominis ac Brutorum genus esse, nil derogat illius dignitati: Adeoque, ut planta ita & Animal considerari potest, vel ut totum Essentiale,

 atque

atque sic in partes dividitur; vel ut totum universale, & sic habet species.

III.

Illud verisimilimum videtur; *Animantes omnes ex certis seminibus oriri*, adeò ut ne musca quidem aut vermis, ex tumultuario Elementorum congressu prodire possit, sed ex semine, in quo vis formatrix inest.

CAP. II.

DE BRUTO IN GENERE.

PRÆCEPTA.

I.

B*Rutum* seu *Bestia*, est Animal irrationale.

II.

Sunt autem *Bruta* alia *Imperfecta*, quæ dicuntur *Insecta*: Alia *Perfecta*; quæ iterum sunt vel *Amphibia*, quæ in utroque elemento, aqua nimirum & aëre vivunt; ut ranæ, testudo, mus aquatilis, natrix, mergus, anas, vel ἑτερόβια, quæ in uno saltem elemento vivunt, & dividuntur iterum in *Aquatilia*, *Volatilia* & *Terrestria*.

AXIOMA.

LIcet Bruta & sensu, & cognitione, & perceptione quâdam donari, ipsa experientia probet; nulla tamen ratio propriè dicta ipsis inest.

CAP. III.

DE ANIMA BRUTORUM,
h. e.
SENSITIVA.

PRÆCEPTA.

I.

A*Nima Sensitiva* est principium intrinsecum principale

cipale sensationis & motus, seu, Anima Sensitiva *est forma Brutorum*, qua objecta sensibilia cognoscunt, salutaria appetunt, & loco moventur.

II.

Ejus *Facultates* sunt: (1) *Cognoscens*, quæ mediante certo corporis organo, objecta sensibilia percipit. *Comprehenditque hæc facultas sensus Externos & Internos.* (2) *Appetens*, quâ Animal ad bonum sensu perceptum inclinat: diciturq; hæc facultas Appetitus sensitivus. (3) *Locomovens*, quâ animal fertur de loco in locum, ad objectum vel prosequendum vel fugiendum.

III.

Effectus Animæ Sensitivæ sunt *Motus* & *Sensus*.

AXIOMATA.

I.

ANima sentiens nullius animalis, etiamsi rationali opponatur, specifica forma est.

II.

Sensitiva anima inest omnibus animalibus, adeoque animal à non animali distinguitur.

III.

Anima Sensitiva est extensa ad omnes partes animalis, adeoque divisibilis.

IV.

Quemadmodum Facultates Animæ Sensitivæ, ab ipsa anima & inter se non differunt, nisi ratione tantum & formaliter; ita nec facultates sensitivas in corporibus specie differentibus, specie differre existimamus.

V.

Uti non adeò incongruè dictum ab *Epicuro* existimamus, Animam Sensitivam constare ex quodam Igneo, ex quodam Aëreo, ex quodam Flatuoso, & ex quarto quodam Innominato: ita *nec illi à scopo esse vi-*

dentur alieni, qui animam sensitivam in Spiritu animali fixo, ab influentibus adjuto: vegetativam contra, in spiritu vitali fixo, ab influentibus adjuto, consistere volunt.

VI.

Neque etiam de nihilo est, si anima sensitiva in porulis, juxta diversitatem partium aut organorum variè figuratis existere dicatur.

VII.

Reverà enim, *Animam Bruti esse substantiam subtilem, actuosam, ab Ignis natura non multum alienam, homogeneam, Spirituum velut fontem aut promptuarium, credimus.*

IIX.

Manet interim verum: Animæ sentientis naturam hactenus à nullo Philosophorum planè aut plenè esse perspectam & cognitam: cùm eam nobis nec sensu, nec experientiâ, sed conjecturis tantùm & ex analogia quadam assequi liceat.

IX.

Interea ipsa *bruta per hanc animam propriè & formaliter sentire*, non creditur solùm, sed manifestâ experientiâ & firmâ ratione probatur ab omnibus Philosophis Christianis, quibus non vocabulis ambiguis aut vanis ratiociniis ludere est volupe.

CAP. IV.
DE SENSU IN GENERE.
PRÆCEPTA.

I.

S*Ensus* in genere est facultas animæ cognoscitiva seu perceptiva, certo corporis instrumento, objecta sensibilia, h. e. Entia materialia, extensa, & singularia, quæ ad se delata percipit, dijudicat, & ad finem certum dirigit.

II. *Ope-*

II.

Operatio sensus in genere dicitur *sensatio:* quæ insuper *requirit* (1) *Facultatem ipsam*, quæ consideratur ut *principalis*, & proficiscitur ab anima: vel ut *instrumentalis*, & dependet à dispositione corporis organici: Atque sic tandem ex utraque hac fit Facultas sentiendi totalis. (2) *Objectum sensile* aut sensibile, quod est vel *per se*, h. e. quod per propriam entitatem sub sensum cadit, non autem beneficio alterius: ut color illuminatus respectu visus: Idque subdividitur in *commune*, quod à pluribus sensibus ejusdem ordinis percipi potest: & est *quintuplex:* nempe, *Motus, Quies, Numerus, Figura & Magnitudo:* & in *proprium*, quod ab uno tantum sensu, non verò à pluribus ejusdem ordinis percipi potest: ut color à visu; (sensus enim internus percipiens est alterius ordinis:) estque itidem *quintuplex*, scil. *color, odor, sapor, sonus* & *qualitas tactilis*: vel objectum est *per accidens*, quod non per propriam entitatem, sed beneficio alterius, sub sensum cadit: ut *substantia corporea*, quæ per sua accidentia percipitur: sic Petrus vel Paulus videtur, non per se ut talis est, sed in quantum coloratus. (3) *Speciem sensilem*, quæ nobis semper & ubique videtur esse realis. (4) *Organum* seu *sensorium*, quod est certa quædam corporis pars, in qua species sensiles recipiuntur: sic oculus est organon visus. (5) *Medium*, quod inter organon & objectum intercedit: ut inter oculum & coloratum corpus est aër luce illustratus.

III.

Dividitur sensus in genere, quòd alius sit *Externus*, alius *Internus*.

IV.

Affectiones sensus in genere sunt *somnus* & *vigilia*.

AXIOMATA.

I.

Scitè à *Cartesio* dicitur: *Totius vitæ nostræ regimen à sensibus pendet.* Sunt enim sensus animali ad ejus conservationem concessi à natura; atque hinc fit, ut propter rerum, quæ prodesse aut obesse possunt, varietatem, unumquodque animal variis sensibus instruatur: Estque cujusque sensus organum ita conformatum, ut *certa corporum effluvia, non aliena*, possit excipere.

II.

Neque absurdum nobis esse videtur, si *Spiritus animales*, prout in diversis sensoriis seu organis, tanquam in excubiis sunt collocati, *non ejusdem, sed diversæ forsitan, dicamus esse naturæ*: cùm vix fieri posse putemus, ut Spiritus sui ubique similes, tam diversas affectiones, aut objectorum impressiones, tàm aptè exprimant.

III.

Inchoari enim *objecti sensibilis perceptionem in sensuum externorum organis, & in cerebro, ceu in sensus interioris organo perfici, videtur verisimile*: ut adeo existimandum sit, dolores & sensationes esse in singulis membris & in cerebro; cognitiones verò & judicia in cerebro tantum.

IV.

Neque tamen ullas *species intentionales* ab objectis in sensus nostros profluere existimamus.

V.

Quin *sic* potius *rem objectam sensu percipi judicamus, ut spirituum compages objecti impulsu commoveatur, & undulatione quadam, motus ille ab objecto profectus, in momento ferè ad cerebrum usque & commune sensorium traducatur, sicque fibrillæ, seu capillamenta exigua, ex quibus interior substantia nervorum componitur, simul cum spiritibus animalibus sensibus inserviat.*

VI. Ut

VI.

Ut adeò *sentire* nihil aliud videatur esse, quàm agere circa affectionem seu impressionem, factam in organo, quæ actionem sensus determinat: sitque illa affectio seu impressio, illa ipsa *species sensibilis*, de qua quæritur.

VII.

Nec sine ratione loquuntur, qui, non imagines aut profluvia corporum, sed motus duntaxat, ipsis organis imprimi, adeoque ex motuum varietate, animam rerum sensibilium differentias percipere dicunt: cùm sensus, citra motum localem, fieri aut concipi vix poterit.

IIX.

Non tamen planè assentiri possumus illis, qui omnem sensum certô motu contineri, adeò, ut nervorum fibræ, velut Clave Cymbali fides tensæ, & in aliqua sui parte percussæ, totæ tremant, & vim sentientem excitent, statuere satagunt: cùm non adeò intendantur nervi. Quin potius *videtur probabile, spiritus in nervorum tubulis contentos, rerum externarum impressiones excipere*, uti jam dictum est supra.

IX.

Etsi omnem evidentiam, aut veritatis notam, in sensibus esse positam; aut, res omnes prorsus ita esse, ut videntur sensibus, nemo facilè probaverit: eum tamen, qui simpliciter sensus errare inde concludere velit, *Cartesius* refutare videtur Medit. 1. p.m. 6. inquiens: *Quanquam interdum sensus circa minuta quædam & remotiora nos fallant, pleraque tamen alia sunt, de quibus dubitari planè non potest, quamvis ab ipsis hauriantur.*

X.

Quin ergò *Scripturæ* potius, & *Salvatori* Joh. 20. v. 27. ad sensus provocanti credentes, dicamus: probabilibilius esse, *sensus nunquam errare, si organum sit benè dispositum, medium aptum, & objectum in debitâ distantia positum.*

XI.

Neque adeò sine causa scripsit, ille etiam post funera immortalis *Maresius: Negatâ sensuum certitudine, politia evertitur; justitia corruit; concidit Religio; Scriptura pedibus conculcatur.*

XII.

Nec planè de nihilo videtur esse illud *Peripateticorum* effatum: *Nihil est in intellectu, quod non prius fuerit in sensu:* cùm primum mentis aspectum, seu perceptionem rei simplicem, à sensu originem suam ducere, vix absolutè negari queat.

XIII.

Non etiam *simpliciter dici poterit: sensibus Bruta præpollere Hominem;* Experientia enim sæpè contrarium probat.

Cap. V.

DE SENSIBUS EXTERNIS IN GENERE, ET DE VISU IN SPECIE.

PRÆCEPTA.

I.

S*Ensus Externus* dicitur ille, qui in exteriori corporis parte magis residet, & objectum præsens tantùm apprehendit.

II.

Hunc ex quintuplici operandi modo, quô Anima per quinque diversa organa, notitiam acquirit quinque diversorum objectorum, esse quintuplicem, diximus supra.

III. Ho-

III.

Horum sensuum Externorum primus in ordine & dignitate est *visus*: qui est sensus externus, qui mediante oculo, in rem lucidam & coloratam fertur, indeque objectum potentiâ aspectabile actu aspectabile efficiens, colores illuminatos percipit.

IV.

Visus *objectum* est color & Lux aut Lumen.

V.

Medium est corpus perspicuum, idque vel *simplex*, ut corpus cæleste, item aër & aqua: vel *solidum & compositum*, ut vitrum, cornua polita, crystallus &c.

VI.

Organum visus est vel *remotum*, ut est *oculus*, cujus partes omnes suo modo ad visum sunt necessariæ: vel *proximum*, quod est *Humor Crystallinus*, qui est centrum oculi, & habet se instar speculi, quod imagines rerum repræsentat.

VII.

Quod ad *modum Visionis*: fit ea non per emissionem radiorum ex oculis ad objectum, sed per immissionem sive receptionem specierum visibilium intra oculum, h.e. per effluxionem corpusculorum ex lucido usque ad oculum, quæ oculum feriant.

AXIOMATA.

I.

V*Isus omnium sensuum præstantissimus censetur*; cùm multas ob causas, tum præcipuè (1) ratione objecti. (2) ratione organi. (3) ratione modi percipiendi. (4) ratione amplitudinis.

II.

Lumen tum ratione medii, tum ratione objecti ad visionem requiritur.

III.

Sententiam *Cartesii*, de modo visionis, cùm non sit alia præter illam antiquissimorum Philosophorum, faciles admittimus; cùm clarissimo *Derodone* existimantes, ex Sole & aliis corporibus lucidis corpuscula tenuissima effluere, & usque ad oculum pervenire, quem cùm feriunt, producunt lucem, colorem, & speciem formalem in oculo aut cerebro, nec non visionem, quæ est sensatio & perceptio ejusmodi lucis, coloris, & speciei.

IV.

Visio, cùm, perinde uti omnis sensus, sit actio immanens, *nemini potest damnum conciliare.*

V.

Aer est optimum visionis medium; quia propter subtilitatem non frangit objecti imaginem: *Aqua verò cum refractione eam ad oculos remittit*, unde visio corrumpitur.

VI.

Colorata eò clarius percipiuntur, quò magis illustratur medium.

VII.

Quemadmodum auribus duabus unum saltem percipimus sonum; ita oculis geminis res saltem videtur una.

IIX.

Fecisse tamen videtur natura duos oculos, ut altero à dextra, altero à sinistra parte occurrentibus injuriis caveremus.

IX.

Quòd, si spatium inter Cœlum & Terram vacuum esset, possit formica in cœlo videri, nequaquam credimus *Democrito*: Quia *in vacuo & per vacuum, nullam visionem fieri censemus.*

CAP.

CAP. VI.

DE AVDITV.

PRÆCEPTA.

I.

AUditus est sensus externus, qui beneficio aurium sonos ad se delatos percipit.

II.

Objectum itaque ejus est *sonus*: qui est qualitas in aëre ex binorum solidorum corporum collisione excitata, ad auditum usque perveniens, illumque alterans, & de potentia in actum deducens.

III.

Estque hic *sonus* pro diversa ratione varius, diciturque adeò (1) *Virtualis*: qui nihil aliud est præter corpuscula, quæ à re sonante, certâ ratione configuratâ & ocyssimè in aurem translata, nervum auditorium movent, & sonum formalem, ejusque sensationem, scilicet auditionem, faciunt: vel *Formalis*, qui est qualitas quædam accidentalis, seu passio in aure, vel in cerebro, vel in utroque, producta à sono virtuali. (2) Alius est *Acutus*, qui in pauco tempore multum movet auditum. Alius *Gravis*, qui in multo tempore parùm auditum movet, & in externitate organi quasi hæret. (3) Alius dicitur *Reflexus*, sive *Echo*, h. e. soni repercussio, facta à corpore obstante. Alius *Directus* seu *simplex*, quando ob debilem reflectionem nulla soni repercussio percipitur. (4) Alius est *Inanimatorum*, qui propriè dicitur sonus. Alius *Animatorum*, qui dicitur *vox*: estque sonus procedens ab ore animalis: & dividitur in *Inarticulatam*, quæ editur à Brutis ad affectus suos indicandum: Et *Articulatam*, quæ editur ab Homine, cum intentione aliquid significandi, & dicitur *sermo*.

IV. *Or-*

IV.

Organum auditus aliud est *Remotum*, quod constituunt *Aures* tam affabrè à natura factæ, ut sonum recipere & continuare queant: Aliud est *Proximum* seu *Immediatum*, nempe *Membranula Tympanum dicta.*

V.

Medium hujus sensus est corpus quoddam subtile, quod facilem transitum permittit sonis: uti sunt *Aer* & *Aqua:* Et ille quidem est medium perfectius propter tenuitatem.

VI.

Quod ad *Modum* hujus sensationis, probabilius est, auditionem fieri per delationem realem soni ad auditum, non verò intentionalem tantum: Imò verisimile videtur, sonum formalem non tam deferri ad aurem, quàm formari in ipsa aure, ob appulsum particularum diversimodè motarum & configuratarum, quæ tympanum auris & nervos auditorios diversimodè commovent, & diversas passiones in animali producunt, quæ sunt ipse sonus formalis, & perceptio ipsius.

AXIOMATA.

I.

ETsi, nostro quidem judicio, facilius sit dicere quid sonus non sit, quàm, quid sit: nihilominus, *sonum in quodam aeris motu tremulo & reciproco positum esse*, uti magni *Aristotelis* tum libro 2. de Anima, tum libro de sensu & sensibili est effatum, ita per ipsam experientiam facilè demonstratur.

II.

Cùm itaque nullus sonus possit fieri sine motu, & insuper requiratur configuratio aliqua corpusculorum aëreorum ad sonum, facilè colligitur, quo modo sonus virtualis ratione corpusculorum sit substantia, ratione verò configurationis eorum & motus sit accidens.

III. Ne-

III.

Neque est dubium, cùm sonus objectu duri corporis reflectatur, quin arte sic disponi possint corpora, quæ emissas voces sæpius reddant.

IV.

Atque sic ex dictis facilè eruetur ratio, *cur una numero vox concionatoris non possit simul recipi à pluribus auditoribus, nec ab unius utrâque aure.*

V.

Et manet tamen verum summi *Aristotelis* libro de sensu cap. 1. formatum decretum: quod *Auditus sensuum post visum nobilitate sit proximus*; quia per illum artes liberales incrementa sortiantur, & societatis humanæ quævis negotia perficiantur.

CAP. VII.
DE OLFACTU.
PRÆCEPTA.

I.

O*Lfactus* est sensus externus, mediante naso odores percipiens.

II.

Objectum ejus est *odor*, à principio sulphureo dependens, & à calore excitatus.

III.

Organum olfactus aliud est *commune*, quod est *nasus*, vel ejus analogon, ut in insectis: aliud *proximum*, quod non incongruè in *tenui membrana*, quæ interiores anfractus narium succingit, positum existimat *Aristoteles.*

IV.

Medium hic est *Aer* terrestribus & volatilibus; & *Aqua* piscibus.

V.

Modus describitur: quòd odoriferi vapores, seu particulæ fragrantes quorundā corporū, florū puta, aut aromatum,

matum, per aërem aut aquâ dispersæ, in nares attractæ, certo modo dictam illam membranam & nervos odoratorios movent, & diversas in iis passiones producunt, mediantibus quibus motibus cerebro communicatis, anima percipit odores & eorum diversitates: sic v. g. ad olfactionem rosæ tria concurrunt: scilicet nares; rosa, aut tenuiores partes rosæ à rosa exhalantes; & percussio aut quasi-percussio narium ab ejusmodi spiritibus odoriferis, quâ percussione narium & nervorum odoratoriorum cerebro communicatâ, in anima producitur passio, quæ dicitur perceptio odoris, aut olfactio.

AXIOMATA.

I.

Homo habet hebetiorem olfactum quàm alia multa animalia: non quidem quoad perfectionem essentialem, sed quoad perceptionem odorum è longiori spatio.

II.

Cujus cerebrum est frigidius & humidius, minus odoratur.

III.

Tanta inter olfactum & gustatum est cognatio, ut hujus gratiâ ille à natura tributus videatur, isque rerum quæ gustari debent, sit velut explorator, ne temerè noxia degustemus. Quantum autem ad olfactum, eodem modo de illo philosophandum est, ac de reliquis sensibus: quòd scilicet sit facultas mixta ex facultate principali, quæ est animæ, & ex facultate organica, quæ est organi: sola enim anima non percipit odores, nec solum corpus organicum; sed oportet ad exercendam perceptionem odorum, ut corpus & anima simul concurrant: Anima quidem ut principium Principale, corpus organicum ut principium Instrumentale.

IV. Spe-

IV.

Species sensilis hic est realis & materialis, quia corpus odoriferum spargit à sese effluvia, odorum vehicula, quamvis non visa: quibus tandem absumtis omnibus, ipsum corpus odore caret.

V.

Quòd inter corpuscula odoris, & contexturam organi specialis requiratur commensuratio, sitque tanta inter homines Temperamentorũ, Figurationisque meatuum in olfactus sensorio diversitas, ac varietas, hinc facilè causa redditur, cur odores quibusdam gratissimi ab aliis ferri vix valeant.

VI.

Sic &, quòd latrinarum purgatores odoribus fœtidis non adeò afficiantur, quam ii qui svavioribus assveti sunt, ratio in promptu est: quòd odor non percipiatur ab organo, si id eodem odore jam affectum sit.

CAP. IIX.

DE GUSTU.

PRÆCEPTA.

I.

Gustus est sensus externus, linguæ operâ sapores percipiens.

II.

Objectum ejus est *sapor*, de quo supra.

III.

Organum remotum est *lingua*, aut quippiam linguæ respondens: *proximum* arbitramur in *papillis nerveis*, quæ summam linguæ superficiem exasperant, esse constitutum.

IV.

Medium externum Gustus non habet; *Internum* verò

verò dicunt spongiosam illam & porosam linguæ carnem, quæ plena est humiditate salivali, cujus beneficio substantia nervosa sapores percipit.

V.

Quod ad *Modum*: res sapida, si actu est humida, facilè saporem linguæ imprimit: sin autem sicca est, comminuitur prius, & mox cum humiditate lingvæ permiscetur, & qualitas sapida in humore residens abluitur, & linguæ nervosiori parti communicatur.

AXIOMATA.

I.

ETsi magnam invicem Gustus & Tactus habeant cognationem, manifestè tamen differunt objecto & organo.

II.

Species sensiles in gustu esse reales & materiales, non verò intentionales, inde patet, quòd *sapor virtualis* nihil aliud sit quàm corpuscula rei sapidæ, quæ meatulos linguæ subeuntia, nervulos per membranam ejus dispersos feriunt, sicque faciunt *saporem formalem*, & *sensationem talis saporis*, quæ dicitur Gustatio: sunt enim ejusmodi effluvia, qualitatum sensibilium propria vehicula: &, quemadmodum inter illa saporis corpuscula, & organi texturam specialis quædam requiritur commensuratio, quæ in aliis corporis partibus non reperitur; ita cùm magna quoque sit inter homines varietas Temperamentorum & Figurationis meatuum in organo gustus, hinc causa redditur, cur sapores quibusdam sint grati, aliis non item.

CAP.

CAP. IX.

DE TACTU.

PRÆCEPTA.

I.

T*Actus* est sensus externus, qualitates Tactiles percipiens.

II.

Objectum sunt qualitates tactiles, eæque primæ potissimùm. Atque hoc objectum, licet materialiter multiplex sit, & plures contrarietates in se habeat; formaliter tamen, quà est tactile, unum existit: petitâ unitate à modo immutandi organi uno.

III.

Organum uti hic constituunt partes omnes nervosæ & membranosæ; ita *præcipuum* Tactus organum vel in cute ipsa positum est, vel in certis corporibus cutim inter & cuticulam interjectis, quasi papillas nervosas *Malpigius* appellat.

IV.

Medium Tactus *Externum* nullum est: *Internum* dicitur quidem quibusdam cuticula corporis interior; cùm tamen hâc semotâ nihilominus cutis sentiat.

AXIOMATA.

I.

TActus, uti est sensus communissimus, ita simul etiam est maximè necessarius; etsi maximè sit crassus, adeoque dignitate judicetur ultimus.

II.

Species sensilis & hic maximè est realis.

III.

Homo inter omnia animalia tactum habet exquisitissimum.

CAP. X.

DE SENSIBUS INTERNIS.

PRÆCEPTA.

I.

SEnsus Internus est, qui ab instrumentis internis directus, species rerum sensibilium non solùm præsentes, sed etiam absentes percipit, censet, dijudicat, & diutius conservat.

II.

Statuitur vulgò *triplex:* Nempe (1) *Sensus communis*, qui dicitur sensus internus, quatenus objectorum omnium externorum species per sensus externos transmissas recipit, easque discernit inter se atque distinguit: *vel*, dicitur sensus internus, quatenus objecta omnium sensuum externorum tanquam præsentia percipit & discernit. (2) *Phantasia seu Imaginatrix*, quæ est sensus internus, quatenus ex variis diversorum objectorum speciebus sensatis varia fingit simulachra, res diversissimas conjungens, & conjunctas disjungens: ut patet in somniantibus: *vel*, dicitur sensus internus percipiens objecta sensuum omnium externorum prout absentia. (3) *Memoria*, quæ dicitur sensus internus, quatenus res jam cognitas iterum cognoscit ut jam cognitas: Et ad hanc revocatur *Reminiscentia*.

AXIOMATA.

I.

ETsi sensus internus revera sit unus, ab ipsa anima sensitiva non distinctus, formaliter tamen distingvitur in plures, quorum numerum quisque Philosophorum ut libitum est, auget vel minuit.

II.

Hujus sensus interni objectum est ens materiale

moti-

motivum sensus interni : continet autem omnia objecta sensuum externorum, eorum sensationes, & aliquas rationes objectorum sensibus externis non perceptas: *organum* verò *ejus est totum cerebrum*, *præsertim ejus medulla.*

III.

Etsi sensationem sensus interni rectè dici Judicium & Discursum non censeamus; nihilominus tamen *Judicium quoddam virtuale & imperfectum brutis esse concedendum existimamus.*

IV.

Cùmque natura nulli animanti voluerit esse novercа, *non dubitamùs, sensus istos internos inesse brutis omnibus, etiam abjectissimis.*

V.

Æstimativam facultatem, quam alii sensibus internis superaddunt, *non esse sensum peculiarem, neque etiam ad phantasiam rectè reduci censemus*, quòd omnia æstimativæ quæ adferuntur exempla, ad notitiam naturalem pertinere videantur, non ad sensitivam.

VI.

Neque sensus internos sedibus in cerebro discretis distingui existimamus.

VII.

Quemadmodum in centro lineæ omnes à circumferentia ductæ comprehenduntur, ita in sensu communi sensuum externorum omnium operationes & objecta simul cognoscendo concurrunt, ut eorum discrimen percipiatur.

IIX.

Phantasia, (cujus objectum sunt species à sensu communi delatæ:) est sensuum internorum præstantissimus, ad rationem proximè accedens, semperque actuosus, idque tam valde, ut etiam matres gravidæ venustos pariant liberos, si imagines elegantes vel animo versent, vel ob oculos habeant.

IX.

Nec minor phantasiæ vis est in progenerandis imaginationibus, cùm læsa est & depravata; uti è Melancholicorum exemplis patet.

X.

Quæ contra memoriam vulgò afferri solent argumenta, rectè quidem probant eam non esse sensum primum; attamen non esse sensum peculiarem, non evincunt.

Cap. XI.

DE SOMNO, SOMNIIS ET VIGILIA.

PRÆCEPTA.

I.

S*Omnus* est sensuum omnium externorum naturalis ab opere cessatio, instituta ad animalis quietem & salutem, ortus ex defectu spirituum in organis.

II.

Causa proxima est defectus spirituum in organis sensuum externorum. *Remota* verò est multiplex; sic enim *aliæ* causæ somnum conciliant animales Spiritus absumendo, ut sunt jejunia & labores; *aliæ* eos torpidos faciendo, quales causæ sunt vapores ad cerebrum ascendentes, qui, ubi refrigerati, descendunt, & calorem eò à corde missum repellunt: Hinc medicamenta narcotica aut soporifera, somnum & torporem afferunt, Spiritus figendo aut deprimendo. *Aliæ* eos placidè sistendo: ut, aquarum murmur, musicæ modulatio &c. *Aliæ* alio modo.

III.

In somno accidit *somnium*, quod est visum in somno apparens: *seu*, somnium est phantasma seu simumulachrum exhibitum per sensum internum iis qui somno sopiti sunt.

IV.

Efficiens ejus causa est phantasia : (quanquam sensus communis unà operatur: apparitio enim rerum fit in sensu communi, imaginatio autem fit in phantasia:) *Forma* est imaginatio rerum quæ non sunt, veluti essent. *Materia* denique sunt species sensiles, quæ excitantur & turbantur ab impressione halituum erraticorum.

V.

Quomodo fiat somnium, id benè explicat *Scaliger* Exercit. 253. inquiens: *Anima dormientis libera ab externis operibus, seipsam mòvet agitatque per species conservatas, atque ita mirabiles sæpè imagines gignit.*

VI.

Dicitur autem vulgò somnium esse vel *Divinum*, quòd à Deo vel immediatè, vel per Angelos excitatur: vel *Dæmoniacum*, quod fit à Dæmone, qui, permittente Deo, potest commovere imaginationis phantasmata, & varia effingere simulachra: vel *Naturale*, quod ex proprio cujusque temperamento & affectione corporis, humorumque abundantia & agitatione oritur: unde *Melancholici tristia somniant*, ut funera, tenebras &c. *sanguinei jucunda*, puta ludos, choreas, &c. *pituitosi*, aquas; *Biliosi*, rixas, incendia, volatum &c. vel denique *Animale*, quod est de rebus circa quas interdiu occupati fuimus.

VII.

Vigilia, è contra, est solutio sensuum externorum, ut animantia possint exercere actiones naturæ suæ consentaneas.

IIX.

Causa vigiliarum *proxima* est spirituum animalium

uum per omnes corporis partes, imprimis autem in sensuum organa liberior effusio. *Remota* verò est alia *Interna*, nempe spirituum per pabulum idoneum refectio & resuscitatio: alia *Externa*, ut clamor, tactus fortis, læsio, strepitus &c.

AXIOMATA.

I.

E*Cstasin* & *Ephialtem* non esse somni adjuncta, sed potius corporis valetudinarii symptomata, existimamus.

II.

Et *Bruta somniare*, & post noctem intempestam somnia magis distincta esse censemus, ob firmas rationes.

III.

Nec *Pauli raptum* ad insomnia; Nec *pueri Sunamitidis fœminæ statum* ad Ecstasin referri posse credimus.

IV.

Plerarumque *Lamiarum & Sagarum evagationes* ad comitia nocturna, esse insomnia à Dæmone immissa judicamus. An verò similia fuerint illa quæ olim subrepta dicuntur *Mennonistis* & *Geisteranis* in Westphaliæ urbe Monasterio congregatis, quæque noviter in Anglia collaudabant *Quackeri*, in suspenso relinquimus.

V.

Quemadmodum faciles credimus, non pugnare cum sacris literis, si dicatur, quòd incolumitas magnorum Virorum Deo sit curæ, quodque ejus curæ partem immissione somniorum fatidicorum sæpè ostenderit: ita non credimus, somnia istiusmodi præsagientia vi stellarum insitâ cieri.

VI. Ne-

VI.

Neque licitum esse ex insomniis temerè aliquid præsagire, judicamus.

VII.

Iis qui nunquam somniarunt, si somnium accidat, vel calamitas vel mors utplurimum portenditur.

Cap. XII.

DE APPETITU SENSITIVO.

PRÆCEPTA.

I.

APpetitus *sensitivus* est potentía animalis, quâ bonum sensibile prosequitur, & malum sensibile aversatur.

II.

Hujus *actio*, quæ est *appetitio*, vulgò dicitur passio seu affectus, de quibus Ethici.

III.

Creditur autem vulgò *organum & subjectum* appetitus operationum seu passionum esse *cor*, vel aliquid cordi respondens: siquidem omnes passiones seu motus appetitus sensitivi in corde potissimum passionem efficiunt: lætitiâ enim cor dilatatur, tristitiâ constringitur, irâ incalescit &c.

IV.

Dividitur vulgò appetitus in *concupiscibilem*, qui versatur circa bonum aut malum simpliciter spectatum, nullâ habitâ ratione difficultatum, bonum aut malum comitantium: Et *irascibilem*, qui versatur circa bonum aut malum prout arduum & difficultatibus septum.

AXIOMA.

OMnis appetitus evidenter implicat cognitionem; quia ignoti nulla cupido.

CAP. XIII.

DE FACULTATE LOCOMOTIVA.

PRÆCEPTA.

I.

F*Acultas Locomotiva* est potentia animalis, quâ illud de loco ad locum movetur, vel secundum se totum, vel secundum partes, ad prosequendum bonum & fugiendum malum.

II.

Organum præcipuum & proximum hujus Facultatis est *Musculus*, qui summa celeritate contractus, partem cui inseritur adducit, aut flectit, aut torquet.

AXIOMATA.

I.

SEnsum omnem cum appetitu quodam & vi motrice conjunctum esse, uti certum est; ita frustra essent sensus à natura animali concessi, nisi vim motricem sibi haberent adjunctam, quâ, quæ sibi apta sunt, adipisci, & noxia refugere possent.

II.

Noctambulones, de quibus hic agere solent Physici quidam, ad Medicos remittendos censemus.

CAP. XIV.

DE CORPORE BRUTORUM.

PRÆCEPTUM.

C*Orpus Brutorum* est subjectum animæ sensitivæ, eleganter & artificiosè ad operationes edendas constructum, cujus partes integrantes sunt variæ: de quibus requirantur Anatomicorum libri, & inter hos *Nucleus noster Anatomicus.*

CAP.

Cap. XV.

DE PISCIBUS.

PRÆCEPTA.

I.

B*Ruta Aquatilia* præcipua ſunt piſces.

II.

Eſt autem *Piſcis* Brutum natans, branchiis, pinnis, ſquamis, ſpinis, ac veſicis in ventre conſtans.

III.

Dividuntur vulgò, quòd alii ſint *piſces propriè dicti*; iique iterum vel *Majores*, vel *Mediocres*, vel *Minores*. Alii *impropriè dicti*: nimirum, Belluæ Marinæ, ut Balæna, Delphinus, Oſtrea: item piſces *cetacei generis*, qui etiam in fluminibus reperiuntur: ut, cancer, ſquilla, rana, cochlea, concha; ex quibus iterum quædam ſunt Amphibia ſeu ἑτερόβια: ſunt præterea piſces alii *vivipari*, alii *ovipari*. Sic quintuplicem inſuper piſcium diviſionem infert Pater *Baſilius*, teſte *Danao* in Phyſica Sacra.

IV.

Sunt verò piſcium præcipuæ *ſpecies* (1) *Delphinus*, qui eſt Regium, φιλάνθρωπον, & φιλόμυσον animal: unde princeps aquatilium habetur, ſiquidem manſuetudine, amore, celeritate, robore atque formâ, in omni marino genere ſuperat. Editur à nonnullis, à nonnullis rejicitur. Quòd *Plutarchus* huic piſci tribuat rationem, id equidem fieri ſine ratione, dicimus; ſiquidem tantummodò excellentis phantaſiæ opera ſunt, quæ Delphinus edit. *Dicitur* quoque propter maximum, qui ipſi ineſt, vigorem, *vivere 120. annos*. *Dicitur adeò delectari nomine Simonis*, ut, ſi ita compelletur, ex longo intervallo accedat propè, & manibus ſe tractari patiatur. De cætero, frequentem Delphinorum luſum in ſuperficie

 maris,

maris, & vibrationem aquæ, certum esse futuræ tempestatis prognosticon, nautis credimus. (2) *Balæna* est cetus maximus, gibbosus, summum Dei in aquis miraculum, etsi minima tantum Dei operum quædam sit particula. vid. *Jobi* cap. 40. 41. Quamvis Balænarum caro cibum præbeat minus aptum, pinguedo tamen ejus sale condita, imprimis commendatur. Lingua etiam habetur in deliciis. (3) *Phoca* est cetus vitulo terrestri similis, & in terris & in aquis vivens: carnem habet mollem, spongiosam, & valdè pinguem, adeò ut liquetur si diutius manibus tractetur, unde citò satiat, nauseam creat, pravum succum gignit. (4) *Silurus* est piscis vorax, deformis, pinguis, boni saporis, è mari in Albim subiens; tum recens, tum salsus in cibo laudatur. (5) *Sturio* piscis est pinguis & suavis, è mari in fluvios, ut, Danubium, Rhenum, Albim &c. tendens: cumque carnem habeat duriusculam, præpinguem & glutinosam, crassum generat succum, & non facile concoquitur; unde neque ægris, neque valetudinariis, neque debilem habentibus ventriculum, apponendus; sanis verò & ventriculo validiore gaudentibus ferculum gratissimum est. Recens vino, sacchato, zingibere, pipere, caryophyllis, uvisque passis parandus. Sale conditus recenti deterior est. (6) *Canis Marinus* est piscis, dentibus acutis & validis præditus, magnam cum cane terrestri habens convenientiam. Carnem habet duram, ferini & odoris & saporis. (7) *Salmo* est piscis maculis rotundis insignis, & in mari & in fluviis degens, in saltando mirè agilis, suavis saporis, bonique succi: largius tamen devoratus, ob pinguedinem nimiam, molestam adfert satietatem: viscosus etiam est, & concoctu difficilis. In Majo capitur & præcipuè valet: circa autumnum vocatur *Esox*. (8) *Lampreta*, quasi *Lampetra* dicitur, quòd petras lambat. Germani ab oculo-

rum

rum numero vocant Meun[illegible]. Est piscis corpore oblongo, similis anguillis, vel parvis potius murænis, in mari & fluviis degens ita, ut veris initio dulces aquas subeat, æstate ineunte denuò mare. Saporis elegantia celebris, optimè nutrit, & genituram auget. (9) *Cyprinus*, qui & *Carpio*, quaternas habet branchias, palatum carnosum, linguam carneam, ventrem ovis plenum: Creditum est à multis, auro carpionem pasci, quòd in intestinis nulla alia excrementa præter sabulum quod æmulatur aurum, reperiantur: optimè nutrit; nulli aquatilium nocet; citò computrescit. Fertur adeo ignavus, ut fame pereat, nisi à lucio excitetur. (10) *Trutta* maculis rubris notatur. Adversus aquæ fluxum natitat. Altissima saxa prætersilit, probè nutrit & citò digeritur. Frigidiusculum gignit humorem, sanguini & hepati justo calidiori non inutilem: ideoque causoni & id genus ardentibus febribus rectè dicatur. (11) *Pisces volantes* sunt haleci valdè similes, paulo tamen & largiores & rotundiores, alas habent ad modum vespertilionis toto corpore contextas. E mari emergunt, & sublimè volant, in morem alaudarum: sæpè numero ad malum navis impingunt, & tum decidunt, gratissima nautis esca. (12) *Umbra*, sic dicta ob natandi celeritatem, quòd umbræ instar inter natandum fallat visum spectantium. In dulces non evagatur aquas, sed solo gaudet mari. Solus mare sulcat, nullo, ne quidem sui generis, pisce comitante. Formidine correptus, caput solùm & oculos abscondit. Secundùm Sturionem nobilitate vincit reliquos pisces; quòd optimè nutriat, facilè conficiatur, & sanguinem refrigeret. (13) *Mullus*, aliàs *Barbo*, quòd geminam habeat barbam in labro inferiori, dictus, veteribus Romanis magno venibat, jecoris tantum causa: palato arridet ipsius caro. Si vinum, in quo suffocatus sit, alicui bibendum propinetur, is fieis fieri creditur abstemius, & vi genitali orbari, sive sit mas, sive fœmina. (14) *Muræna* putatur animam habere non in capite sed in cauda; quia ictô capite non moritur, sed læsâ caudâ. Difficulter etiam fuste perimitur, facilè ferulâ. Coit cum vipera: nullus enim est masculus inter murænas; quemadmodum inter anguillas nullam fœminam reperiri dicunt. (15) *Sarda* musico concentu admodum delectatur, ita, ut ad ejus sonum è mari prosilire conspiciatur. Condita sale appetitum conciliat, stomachum à pituita expedit, ideoque convalescentium primis adhibetur mensis. (16) *Polypus* est piscis fraudulenti ingenii, quia in metu & periculis constitutus petris adhærescit, earumque colorem corpore suo imitatur. (17) *Torpedo*, priusquam attingatur piscatorum manus stupefacere compertus est. (18) *Echeneis* piscis admodum parvus, dicitur Latinis *remora*, quod navis, cui adhærescit, cursum, occultâ vi remorari credatur: quod tamen fabulam sapit. (19) *Nautilus*, piscis marinus, navigiorum est archetypus, unde & illi hoc nominis; cœlo namque sereno ventis sua vela obtendit, & pedum remigio navim artificiosissimè fabricatam gubernat; cumque aves rapaces advolantes conspicit, repentè vela sua contrahit, seque demergit. (20) *Loligo* est piscis cutem habens mollem, corpus longum, rotundum & in acutum desinens. In metu atramentum effundit, ut aquâ infuscatâ securius latitet. (21) *Hippopotamus*, equus ille fluviatilis, venæsectionem docuisse creditur; quia satietate gravatum se sentiens, arundinetum ingreditur, caudicique arundinis tam diu se affricat, donec ruptâ venâ sanguis emittatur; postea aperturam, ut vocant, limo seu cœno superinducto sistit & sanat. (22) *Asellus* piscis, solus ex omnibus animantibus cor in ventre habet.

AXIO-

AXIOMATA.

I.

QUemadmodum in definitionibus differentia desumitur à propriis, quando formæ latent; ita & ἐνύδρα natalia animalia dicuntur pisces, quòd natandi potentia insit omnibus in aquis sive marinis sive dulcibus degentibus. Quòd verò Psalm. 104. v. 25. inter reptilia quoque recensentur pisces, id explicare videtur *Basilius*, inquiens: natare est repere, quoniam unà totum corpus trahunt omnia quæ vel natant vel repunt.

II.

Pisces ex aquis prodiisse primum sub exordium mundi, ex sacris discimus: unde non abs re *Ambrosius* scripsit: aqua & pisces sunt ejusdem generis & materiæ.

III.

Pisces habere cor inversum *Aristoteles* lib. 1. Histor. Animal. cap. 11. nos edocuit. Ab hoc porriguntur meatus in branchias, per quas illud ab hausta aqua refrigeratur. Hoc verò magis sit dignum miratu, præ mira ista piscium quorundam inter se concordia & discordia, inenarrabilique eorum fæcunditate, meritò ambigitur.

IV.

Pisces habent dentes ferè serratos, linguam duram, & palato firmiter adhærentem, oculos sine palpebris, & plerumque immotos, suntque omnes muti, quia pulmonem & asperam arteriam non habent. *Arist.* l. d. c. 4. & 13.

V.

Pisces habent pinnas, quæ pennis & alis avium respondent; nunc in dorso, nunc in ventre, nunc in cauda, nunc alibi hærent: utque pennis volant aves in aëre, sic pinnis in aqua natant pisces, aquam deprimendo & densando, *Verulam.* Script. in Natur. Philos. p. m. 252.

VI. Pis-

VI.

Pisces dormiunt, ad saxa & rupes acclinando, ut vel configi fuscinâ, vel apprehendi manu possint. *Plinius* lib. 9. Natur. Hist. c. 7.

VII.

Caudam tamen semper movent, quia infestantur à pediculis & pulicibus marinis: *Etsi enim pisces quoad sensus satis sunt stupidi, in motu tamen sunt satis agiles:* cujus causam in cerebri paucitatem & medullæ magnitudinem refert *Bartol.* Anat. Reform. lib. 3. cap. 4.

IIX.

Pisces squamis muniri adversus injurias quascunque, est credibile.

IX.

Factam esse piscium vesicam ne submergantur, sed in aquis suspensi innatent undis, est verisimile.

X.

Branchias in piscibus esse respirationis instrumenta, adeoque omnes *pisces respirare*, cum *Democrito* aliisque antiquioribus contra *Aristotelem* statuimus.

XI.

Quamvis piscium generatio nos fermè fugit, omnes tamen ex semine nasci credimus.

Cap. XVI.

DE AVIBUS.

PRÆCEPTA.

I.

A*Vis* est Brutum volans, sanguineum, rostratum & pennatum.

II.

Creduntur aves nonnullis dictæ quòd avia, i.e. incerta itinera in aëre sectentur; juxta illud *Salomonis:* est

est incerta & investigabilis via Navis, via Avis, & via Juvenis. Alia verò ratione secundum *Festum* aves dicuntur ab adventu, quòd inde veniant, unde quis minimè suspicetur. Appellantur etiam alio nomine *volucres*, à volando: *Volatus* autem à *vola* dicitur, quæ in avibus est pars media alarum, cujus motu pennæ agitantur, ut ait *Isidorus*.

III.

Distinctio Avium ex varia consideratione variis authoribus est varia.

VI.

Species avium præcipuæ sunt: (1) *Aquila*, quæ dicitur Avis magna *Ezech.* 17. v. 3. Quem enim inter quadrupedes gradum Leo obtinet, & inter pisces Delphinus, eundem inter Aves Aquila; quæ est avis generosissima, bellicosissima, ac rapacissima. Famulatur homini, non carne, non ovis, sed opere ac viribus: cicurata enim, non saltem omnis generis aves, sed cervos etiam, lepores, vulpes, aliaque gressilia adoritur, usibusque humanis mancipat. Nidulatur aquila altissimo in loco, nempe in saxis & petris; videt acutissimè & longissimè, *Jobi* 39. Est item avis pernicissima, Thren. 4. v. 19. &, ut est *Esaia* 40. v. 30. volat altissimè, sævissima est in sobolem, ut ait *Basilius*: Tria enim, uti vulgò referunt, parit ova, è quibus duos tantum excludit pullos, quorum iterum unum duntaxat educat, alterum verò expellit è nido, alis eum verberans: an verò hoc fiat diffidentiâ victus, ut creditur, ambigimus; cùm omnibus avibus commune esse, ut unum ex pullis dejiciant è nido, scribat Rollenhagen von wahrhafftigen Lügen/cap. 16. Tantò minus credibile est, quod de modo ejus probandi pullos genuinos per aspectum Solis, tradidit antiquitas: cùm hæc & talia rationem sapiant. Quòd verò sit omnium avium vivacissima, & in ipsa etiam senectu-

te

te maximè vegeta, hoc ipsum indigitare illam senectutis renovationem, Psalm. 103. v. 5. credimus *Ambrosius* Tom. 5. Serm. 54. Minimè verò autem illam fabulam *Rabbi David Kimhi*, ad cap. 10. Esaiæ allatam approbamus. Nec potu solo eam aliquandiu vivere, quando accretione rostri edere nequeat, convenit cum experientia, quæ carnivoras aves nunquam bibere probat, quod ipsum & *Aristoteles* docuit ante. (2) *Accipiter* avis est bellicosa, robusta, velox, rapax & cruoris avida, unde in capiendis aviculis homini usum præstat egregium. Avium captarum cor nunquam vorat. Singulis annis deplumescens expandit alas versus austrum, qui ventus relaxat corpus ipsius, & poros facit ampliores, ut facilius excidant pennæ. vid. *Job.* 39. v. 29. (3) *Milvus*, passerem unguibus correptum pectori, ut se hoc modo calefaciat, applicare, postea passerem incolumem dimittere dicitur. (4) *Cygnus* vel *olor* est avis candida, robusta, iracunda, natationi magis quàm volationi indulgens. Ad patinas venit fermè jure eodem quo anser. In Medicina etiam adeps cygneus non in parvo versatur honore: Et pennæ cygnorum laudantur ad usum calamorum scriptoriorum; quòd verò de cygnea cantione circumfertur vulgò, id meritò ridetur ceu fabulosum, & exploditur. Vid. Acerr. Philog. Cent. 2. Hist. 22. (5) *Gryphes* esse genus milvorum, sævum & rapax, uti verum est, ita has aves esse tantas ac tales, tamque monstrosas, uti *Johannes de Montevilla* & alii nonnulli scribunt, id non nisi metaphoricè intelligendum credimus. Vid. Acerr. Philol. Cent. 1. Hist. 99. (6) *Ciconia*, vel hoc nomine nobis amica, quòd bufones, ranas, serpentes, aliaque animalcula homini molesta ac nociva capiat; si dicatur avis prudens, justa ac grata, id poëtarum more interpretandum censemus, quibus propter Græcorum ἀντιπελαργεῖν, pietaticultrix ciconia dici-

dicitur. Quòd enim tempora sua novit: *Jerem.* 8. v. 7. & quod habitat in sylvis, & nidulatur in proceris abietibus, ut est Psalm. 104. v. 17. id scimus ex sacris: Quòd verò parentes volandi impotentes in viridaria & prata propriis alis devehat, ut illic pascantur, deinde pastos in nidum revehat; quòd item quotannis abiens, per vices dejiciat ovum, pullum, vel pennam, tanquam præmium pro hospitio solutum, id Poëtarum fabulis annumeramus; cum ciconiis istis annuis contubernii nostri sociis tale quid non observantes. Sic, quòd sit justa adeò vindex adulterii ciconia, ut refert *Crollius* de Signat. pag. m. 104. id tanto authori credimus, non alii. Ast, ciconias mares decem diebus prius ad nidum consuetum in his oris redire præ fœmina, interea nidum præparare ac purgare, omnes reliquas ciconias prætervolantes crepitatu quodam salutare, donec suam matrem-familiâs adventantem conspiciat, cui lætè obviam it, eam ad nidum deducit, eique de cibo, donec ab itinere requieverit, abunde prospicit; & quæ alia hujus sunt generis, ipsis nobis notare licet. Sic &, quæ mala ciconiæ tempore inconsveto cum suis pullis à nido fugientes vaticinari soleant, doctè in Theatro vitæ humanæ annotatum videas: plura etiam respice ad Acerr. Philol. Cent. 2. Hist. 22. (7) *Grus* est avis prudens, societatis amans, ac inter volandum ordinis observans. Quin & excubias habere dicuntur ita, ut una ex illis lapillum pede sustineat, quem sinat decidere, si periculum immineat, ut reliquæ excitentur: unde & excubiarum modum à gruibus didicisse homines, author est *Crollius* de signat. m. p. 97. (8) *Phœnix*, avis rarissima in Arabia felice quæ vivere dicitur, cuique *Plinius* in Histor. Natur. multa addit attributa, quæque vel ipsismet Christianis quibusdam Theologis typus nostræ resurrectionis fuit credita, ab emunctioris nasi

Philosophis rectè Rabbinicis figmentis, ab hieroglyphicis malè intellectis oriundis annumeratur. vid. Acerr. Philol. c. 2. Hist. 37. (9) *Pelicanus* seu *Phœnix*, dicitur avis solitaria, pullos suos à serpente admorsos, sanguine suo ex pectore effuso persanans: unde Alphonsus, Neapolis Rex, hanc avem imagini suæ adpictam voluit, junctô hôc symbolô: pro LEGE & GREGE. Nec minus Christianis quibusdam avis hæc effigies creditur Mortis per serpentem generi humano illatæ, & à Salvatore Christo per sanguinem suum sublatæ. At esse Phœnicem ex genere anserum avem, de qua illa sanguinis super pullos effusio nunquam sit visa, credimus his, quibus cerebrum in capite est, non in calcaneo. *Struthio*, avis omnium maxima, superare dicitur magnitudine sua eqvum & sessorem. In desertis habitat Esaiæ 43. v. 20. adeoque consortium hominum fugiens, si à quovis conspiciatur, caput & collum sub frutice occultat, indeque se non conspici imaginatur, quòd ipsa non conspiciat alios: unde & stolida avis dicitur. Pennis & plumis quidem donata à Deo est, ut habetur Jobi 39. v. 16. & tamen omnibus hisce adjumentis vix è terra sublevare se potest; adeoque gressum pro volatu habet, propter corporis molem. Tanta ejus sunt *ova* ut inde pocula fieri possint; qualia ova, etsi multa pariat, eorum tamen partem in terra deserit, quæ infæcunda judicat, fæcundis tantum incubans: quo nomine crudelitatis & ἀϛοργίας in suum fætum notari videtur Threnor. 4. v. 3. Quòd autem terram voret, & occultâ ventriculi vi digerat, non credimus nisi testibus oculatis. (11) *Corvus* quòd dicitur pullos deserere, quia videt eos esse albos, ac proinde suppositios judicat, id equidem falsum pronunciat Acerr. Philolog. cap. 2. Hist. 76. nec satis à *Danæo* in Physic. Christian. ex Psalm. 147. v. 9. probatur. Quòd verò

cro-

crocitatu frequentiore pluviam venturam corvos significare, morientium insuper fæditatem sentire, & ob id super tectum infirmorum crocitare eosdem experiamur, id sensus eorum acumini rectè ab *Aristotele* tribui censemus. (12) *Vultur* avis voracissima est, volatum habet tardum & humilem, odoratu quàmmaximè pollet: unde versus vulgares:

Nos aper auditu præcellit, aranea tactu,
Vultur odoratu, lynx visu, simia gustu.

An verò ex Esaiæ 34. v. 15. satis probetur, vultures hominis & totius exercitus internecionem odorati, & mortem atque cadaver hominum insectando, eò congregari ubi acies sunt conflicturæ? id equidem non dixerimus. (13) *Pavo* est pulcherrima avis, præsertim mas, & libidinosa etiam: An verò rectè dicatur ambitiosa, quòd, ut Poëta *Ovidius* canit:

Laudata ostentat avis Junonia pennas:
Si tacitè spectes, illa recondit opes.

dubitamus meritò: quin caudæ illam expansionem rectius Zelotypiæ ejus adscribendam censemus. Ex quo simul patet, quid judicandum sit de eo, quando dicitur: pavo remigium alarum ire finit, si pedes leprosos aspicit. Nec videtur experientia respondere huic quod ajunt vulgò, pavonem tanto laborare livore, ut propriis vescatur excrementis; quò mortalibus eorundem usum eripiat. Et quis, *vivere cum annis viginti quinque*, nobis probabit? Quod vero pavo indesinenti noctes diesque clamore pestem prædicat futuram, quâ præsente Pythagoricum silentium servet, hoc ipsum experientiæ dat Rollenhagen von wahrhafftigen Lügen/ c. 18. Id nos scimus, pavonem liberum amare aërem, adeoque, caveæ inclusum, tristari & mori: quin & ad patinas à voluptatiis vocari, etsi carnem habeat frigidam & siccam; adeoque nutrimentum non præbeat commodum. (14) *Columba*, avis mundissima, simplicissima ac innocentissima, quòd marem non admittat nisi fœminam ante osculatus fuerit, credimus *Crollio* de Signat. p. m. 92. ut &, quòd *Palumbes*, si impudico amore ad alienam uxorem oculos adjecerit, à reliquis circumsedentibus, & quidem mas à maribus, fœmina à fœminis discerpatur, ex *Æliano* adfert Id. lb. p. 91. cùm columbæ conjugium semel initum adeò studiosè servare dicantur, ut cum aliâ ave, sive ejusdem sive diversi generis, non coëant. Quòd autem *Turtur* comparis suæ mortem adeò lugeat, ut ubique posthâc sit singularis, ubique gemat, nunquam in viridi ramo sedeat, hisce rectè experientiam contrariam opponit Acerr. Philol. c. 2. Hist. 86. (15) *Mæus*, avis, risum & cachinnum humanum ad miraculum imitatur: teste *Crollio* de Signat. p. 94. (16) *Gallus gallinaceus* cur nocte statis temporibus cantillet, causam dat Acerr. Philol. c. 3. Hist. 6. ex aëris dispositione desumtam. Ei prærogativam quandam natura largita est, quòd solus inter aves, tanquam galea, cristam gerat, & in pedibus calcaria: pennas per colla cervicesque diffusas, quasi jubas pugnaturus explicat: cùm limen intrat, tametsi supremũ altissimumq; existat, ipse tamen se inclinat: quod superbiam efficere, ne crista uspiam offendatur, *Crollius* l. c. author est: cùm in certamine victor est, cantus contentione, incessu, gestuque omni, triumphanti similis efficitur; victus verò, occultatur silens, ægreque servitium patitur; coitu frequentissimè utitur, adeoque de gallinarum salute est sollicitus, ut non solum pro iis acriter certet, sed &, matre extincta, ovis incubat, & ex iis pullos excludit; quod ipsum faciens, silentio utitur, quasi sibi conscius se muliebre obire munus. *Gallina* verò avium est fæcundissima, in ovis pariendis: unde monstri instar censendum, quòd gallina fœta in

Da-

Dania, non more aliarum, ovum unum vel alterum, sed sex pullos benè conformatos vivos uno partu excluserit: quorum tamen vita matri, utpote statim à partu extinctæ, necem intulerit. Teste *Lysero* Observ. Med. 6. (17) *Cuculus* parit in nido minorum avium, imprimis currucæ, quæ ex ovo cuculi pullum excludit. Quòd verò hic, ubi adolevit, matrem cum reliquis pullis devorare dicitur, unde & ingratus vocatur, id jam abundè refutatum est in Acerr. Philol. c. 2. Hist. 11. (18) *Hirundo*, quòd sit avis garrula, indeque natum sit proverbium, *Musæum hirundinum*, scimus. An verò suos pullos cæcutientes sanet herba chelidoniæ? item, An hirundines, tacito naturæ sensu, ex ædibus ruinam minantibus suos pullos auferant, & alibi tutò deponant? ignoramus.

AXIOMATA.

I.

AVes dormituras caput sub alis condere, ut eundem situm quem originis suæ principio habuerunt, quærendo, svavius requiescant, est verisimile.

II.

Aves, cùm renibus & vesicâ careant, *non mingunt*: ast aërem verberando & condensando volant.

III.

Aves in primordio rerum non ex aqua, sed ex terra originem accepisse, præter Sacram Scripturam Genes. 2. v. 16. ipsa sana ratio probat.

IV.

Ovum, uti ex duabus partibus, vitello nempe & albumine constat, ita *& materiam & formam pulli in se continet*.

V.

Palumbos, Anseres Silvaticos, aliaque avium genera

nera quædam immediatè procreari ex Oceano, non credimus *Bodino*, etsi viro aliàs satis fide digno.

VI.

An coturnices in desertis Arabiæ regionibus miraculi instar de cœlo super castra Israëlitarum fuerint delapsæ, fortean non abs re poterit disceptari; cùm sint ibi satis frequentes.

CAP. XVII.

DE QUADRUPEDIBUS.

PRÆCEPTA.

I.

Q*Uadrupes* est Brutum quod quatuor pedibus innixum incedit.

II.

Ejus vulgò *tres* constituuntur *classes*, ita ut *Prima* comprehendat *Pecudes*, quæ sunt animalia quadrupeda cicurata, sub imperio hominis pabulum capientia: suntque vel majores, quæ dicuntur *Jumenta*, quod hominem juvent; & *Armenta*, quòd arma gestent, ut Elephas, Camelus, Bos, Asinus: vel minores, quarum congregatio dicitur *Grex*, ut ovis, capra, sus domestica, & similes quæ Asinum magnitudine non superant. *Secunda* classis comprehendit *Belluas*, quæ sunt animalia quadrupeda fera, quæ sine hominis imperio in sylvis, campis aliisque locis oberrant desertis, nisi vi detineantur: suntque vel majores, ut Rhinoceros, Monoceros, Leo, Ursus, Tigris, Bonassus, Cervus: vel minores, ut Lupus, Aper, &c. *Tertiam classem* constituunt animalia similia pecudibus & belluis, quæ neque pecudum neque belluarum appellatione comprehendi possunt: sic *pecudibus similes* sunt canis, felis, & si quæ aliæ sunt bestiæ, quæ ad custodiam & munditiem domus adhibentur:

bel-

belluis similes sunt lepus, vulpes, cuniculus, lynx, lutra, martes, sciurus, mus, glis, echinus, histrix.

III.

Notentur huc quoque *Accidentia*: nempe (1) Quadrupedes vel ruminant; ut omnes animantes quæ superiori dentium ordine carent: vel non ruminant. Est autem *ruminare*, cibum jam mansum & in unum stomachi sinum delapsum per guttur revocare, & iterum mandere, transmittereque ad alterum stomachi sinum, melius attritum & præparatum ad concoctionem & meliorem sanguinem efficiendum. Hinc Bestiæ ruminantes accepere quasi quatuor ventriculos, ut Anatomia docet. (2) Nulla quadrupes cornuta est utrimque dentata, sed inferiorem dentium ordinem solùm habet: materia enim quæ ad illorum dentium ordinem faceret, tota absumitur ad producenda cornua. (3) Quadrupedum omnium pedes anteriores posterioribus sunt breviores.

IV.

Species quadrupedum principaliores sunt: (1) *Elephas* est quadrupes vastæ & portentosæ magnitudinis, promuscide ex ore demissâ tanquam manu omnia apprehendens. Est maximum inter animalia quadrupeda. Est animal admodum mite & placidum, ita ut à puerulo regi possit. Est præterea castum, nam mas fœminam quam semel coitu implevit, iterum non tangit. Fœmina per biennium fert uterum, ut *Aristoteles* tradit; vel, ut alii volunt, decennium: *vivere dicitur annos trecentos*, cui tamen experientia reclamat, sic quoque, quòd inter dormiendum innitatur fortissimo robori, cum quo si cadat, non possit se iterum erigere, falsum & fictum esse probat Acerr. Philol. c. 4. Hist. 34. sic &, quod *Plinius* audet asserere, Elephantes probitate, æquitate ac prudentiâ præditos esse, quin &, Græcè tùm locutos, tùm scripsisse, aliaque mira quæ de Elephantis narrantur, cum cautione sunt accipienda. Quin etiam *Alstedius* Phys. part. 6. cap. 5. dicit, quòd Diabolus sæpè numero hanc bestiam insideat, & in ipsâ operetur, ut hominis dignitati, atque adeò imagini divinæ præjudicet. Ab Elephantis habemus *Ebur*, de quo alibi. (2) *Leo* est animal valdè generosum, & animalium terrestrium Rex, quia omnia anteit viribus. Timere tamen dicitur orbes circumactos, colores præfulgidos, cristasque & cantum galli, maximè verò ignem: quorum omnium causam in biliosum Leonis temperamentum refert *Barcellus* Hort. Genial. p. m. 134. Porrò *Leænam* semel tantum parere, & quidem unum solùm catulum, eumque triduum integrum post partum somno detineri, postea rugitu Leonis excitari, experientiæ non respondet. Sic & illud quod *Sperling*. Phys. adfert: Leonem, quòd variarum virtutum simulachrum sit, Ethicè potius quàm physicè hominibus præstare usum, cum grano salis accipiendum censemus. Alia videantur alibi. (3) *Camelus* est quadrupes callosa, robusta, mansueta & stridens: usum præstat homini gravissima portando onera, motuque velocissimo ad dissita currendo loca. Dicitur hoc animal naturali odio insectari equos, & à coitu incesto ita abhorrere, ut pullus sciens matrem nunquam superveniat, etiamsi compelletur: quin, si ignorans matrem suam ineat, idque postea deprehendat, ipse sibi propriis dentibus genitalia abscindere fertur; tanquam vindicans in se incestum. (4) *Equus* est quadrupes hinniens, generosa, libidinosa, plurimùm homini inserviens, ac imprimis Domini sui consuetudine gaudens, ejusque affectus penè intelligens. *Equa* post partum statim devorat secundinas. Vide Jobi 39. v. 22. (5) *Ursus* est quadrupes murmurans, sæviens, robusta ac perniciosa. Quod dicitur

fœ-

fœtum informem, membrisque indiſcretum & rudem lambendo fingere atque formare, id refutat Acerr. Philol. c. 2. Hiſt. 34. Tempore hyberno latet in ſuis latebris, neque ullis alimentis utitur, adeò ut ventriculus & inteſtina corrugentur: ineunte verò vere egreſſus latebras herbam Arum deguſtat, ut inteſtina laxentur: urſa cum fugit, ſuos catulos propellit, ſuſceptos portat, & cum videt ſe ab inſectante jam occupari, arborem conſcendit. Eſt animal docile, & ſupra modum delectatur melle. (6) *Cervus* eſt quadrupes timida, velox, cornua habens ſolida, in ramos ſparſa, & quotannis decidua: uſum homini præſtat multiplicem, carne, pelle, pinguedine, cornu, aliisque partibus. Dicitur *Cerva* ante partum ſe purgare herba Seſeli, ut facilior ſit partus, qui aliàs ipſi accidit difficilimus: ſic Dictamnum, herbam, ad extrahendas ſagittas utilem, homines didiciſſe à cervis, author eſt *Croll.* de Signat. p. m. 101. Quod verò de renovatione ſui per ſerpentes inſufflatos cervis adſcribitur, ut falſum rejicit Acerr. Philol. c. 2. Hiſt. 85. Eſſe autem cervorum vitam longiſſimam, quomodo *Alexander Magnus* poſteritati oſtendere voluerit, pulchrè docet *Plinius* Hiſt. Natur. (7) *Aſinus* eſt quadrupes rudens, ſtupida, tarda, libidinoſa, laboris, famis & verberum patientiſſima: præter id quòd è corio aſinino deletitiæ fiunt tabellæ, ſtudioſis ac peregrinantibus cumprimis utiles, aſinus in ferendis oneribus uſum præbet maximum. Eſt præterea aſinus valdè φιλόςοργος, quia per mille impedimenta, & objectos etiam ignes, miro vitæ contemtu pullis ſuis ſuccurrit. (8) *Onager*, admodum ferus licet, parientibus tamen fæminis aſſidere dicitur. (9) *Boves, Tauri* & *Bubali*, rubro colore irritari dicuntur *Vallesio* Sacræ Philoſ. c. 82. (10) *Bonaſſus*, quando excitatur & metuit, adeò largam excrementi fætidi ac fervidi copiam projicere expertus eſt, ut venatores & canes ad quatuor passus eum accedere non audeant, metu noxæ & combustionis. (11) *Lupus* in caulam irrumpens, non contentus est unam & alteram ovem occidere, sed complures unâ vice interimit, licet illas auferre non possit. Naturalis est antipathia inter lupum & eqvum, unde ille hunc subinde aggreditur, & ut in pugna sit superior, terram vorare dicitur, ut ita jam gravior de collo equi pendens, facilius ipsum subjuget. De *Rota Lupo*, villicorum lusu vide *Ælianum*. (12) *Vulpes*, quadrupes callida & dolosa. Erinaceo est infestissima. Cætera quæ multa de ejus astutia referunt passim authores, ex parte vide ad celeberrimum Anglum *Digbaeum* de immortalitate animæ, tract. 1. c. 36. §. 2. (13) *Canis*, individuus ille hominum socius & custos, à sagacitate, fidelitate & docilitate commendatus, præ aliis animantibus lumbricis infestatur gravius; unde noctu magis ac in somno ab iis demorsus intestina, ejulatum edit, ex quo superstitiosi nescio quid prædicunt. Cætera vide ad *Digbaeum* l. c. §. 7. (14) *Unicornu*, cujus adeò sæpè Scriptura Sacra mentionem facit, revera esse in natura rerum, uti non dubitamus, ita, an sit piscis? quod Nautis expertis placet; an quadrupes? quod aliis: in dubio relinquimus. Quinimò utrumque potest esse verum. (15) *Lepus*, quod habeat duos pedes anteriores posterioribus multum longiores, ideò facilius collem ascendit quàm descendit. Et quia in leporum genere sæpius quàm in ullo animalium ordine hermaphroditi inveniuntur, hinc factum est, quòd quidam putarint, lepores utriusque esse sexus; cùm tamen revera sexu sint distincti. Hoc animal celeritate audiendi videtur aliis anteire; cujus rei admiratione ducti Ægyptii, in suis hieroglyphicis picto lepore auditum significarunt. De leporis consilio, pro evitando canum odoratu, vide *Digb.* l. c. §. 3. (16)

Cu-

Cuniculus, lepori in quibusdam non absimilis, mirè fœcundum est animal, adeò ut *Varrone* authore, ex uno conjugio intra anni vertentis curriculum, septuagesima proles possit existere: quin citra marem posse gignere putatur: unde ipsorum fœcunditas, segetes & arbusta vastando Balearibus insulis famem intulisse scribitur tempore Augusti tantam, ut incolæ auxilium militare à Romanis petierint: solent etiam lares fodere sub terra adeo multos, ut in Hispania oppidum quoddam à cuniculis suffossum referatur. (17) *Ovis*, animalium simplicissima, nulla sui parte est inutilis: cumque singulis annis unicum duntaxat pariat agnum, rarò gemellos, ipsaque cibus homini sit frequens, & ferè in prædam sint expositi ovium greges, pluribus denique morbis obnoxii, non ullum tamen frequentius animal occurrit in agris. (18) *Simia* hominis mores præ cæteris bestiis imitatur: sed ridiculè. Adeò impensè fœtum suum diligit, ut sæpius illum arctiori complexu enecet. In arte sphrygmica hominem longè superare dicitur. (19) *Felis*, animalculi munditiem amantis naturam multis descripsit *Mizaldus* Memorab. Cent. 5. §. 65. 77. 78. 84. 93. (20) *Mus alpinus*, quòd autumno tergus semper habeat glabrum, inde esse dicit *Croll.* de Signat. p. 100. quod hoc animal dorso recubans extensis quatuor pedibus currum efficiat, commeatu ab aliis pro futura necessitate hyemis onerandum, & caudâ loco temonis in speluncæ horreum trahendum. Quam solertem providentiam in Castore quoque observat *Crollius*: sicque homines ab hisce bestiis plaustrorum structuras edoctos dicit. Cæterùm quod de Castore, animali amphibio narratur, eum, quandó videt sibi à venatoribus strui insidias, testiculos mordicùs sibi præcidere, atque in sequentes projicere, ut ipse incolumis evadat, hanc jucundam fabulam refutat natura, quæ

huic

huic animali testes in ventre absconditos voluit. (21) *Caprea* quomodo Chirurgis vomicæ curationem demonstrarint, vide ad *Croll.* de Signat. pag. 101. (22) *Crocuta*, quæ aliis dicitur *Gulobrophagus*, Germanis Vielfraß/ catharticorum usum homines docuisse fertur itidem, inter rupium angustias se comprimens. (23) *Hyena* est quadrupes crudelis, colore lupi, sed hirsutior. Hæc noctu ovium adire stabula, & voces humanas assimilare, pastorumque nomina, ut eos foràs evocatos dilaniet, addiscere, eumque in finem alternis vicibus maris & fæminæ naturam assumere dicitur. (24) *Erinaceus* in autumno corpus volutare super poma jacentia, eaque spinis infixa in cavitates arborum deportare fertur, ut hyeme habeat unde vivat. Si quid insidiarum præsenserit, contrahit os & pedes, & sic in formam globi se conformat, ut nihil præter aculeos comprehendi possit. (25) *Talpa* habet visum, sed imperfectum; habet enim oculos tenui cute obtectos; non, ut non videat, sed ne videndo lædatur: cùm enim talpa sub terra cibum quærat, illam fodiendo facilè à quolibet corpore tangente offendi potuisset, nisi tali fulcro ipsi esset prospectum.

AXIOMATA.

I.

HAbet Brutum quadrupes peculiares corporis partes, in quibus animæ functiones clarius quàm in aliis brutis exercentur.

II.

Regula, quæ animalia parvo corde prædita fortia, è contra magno corde donata timida deprædicat, fallit sæpissimè.

III.

Carnem suillam omnium animalium carnibus præferendam non censemus: quòd experientia testetur, à vulà vulneratis, ſcabie laborantibus, aliaque ulcera habentibus, non absque noxa ſuillas comedi carnes.

IV.

Animalia à Simſone Judic. 15. v. 4. in ſementa & agros hoſtium emiſſa, fuiſſe vulpes, non dubitamus.

V.

Cùm tam diverſa atque varia terrenorum animalium genera ferè ad triginta duntaxat revocari posſint, facilè fuit, ea omnia in una illa arca Noachi, tempore diluvii, collocare; quòd ſpatioſum hoc fuerit domicilium.

VI.

Brutorum terrenorum genus ad paſtum dejectum, ventrem aſpicit, cujus voluptatem ſequitur, & terram ſpectat ex qua deſumtum eſt.

CAP. XIIX.

DE SERPENTIBUS.

PRÆCEPTA.

I.

S*Erpens* eſt Brutum quod ventri innixum prorepit.

II.

Species ejus ſunt, ut alius ſit (1) *Serpens alatus*, qui eſt volatile venenatum: ut; *Draco volans* & *Baſiliscus*, quam ex ovo galli veteris naſci, ne pueris quidem hodiè perſuademus: quòd autem Baſiliscus ſibilo ſuo fugat omnes ſerpentes, nemo Philoſophorum neſcit. (2) *Serpens aquatilis*: ut *Hydrus* ſive *Natrix* cutis colorem cinerum maculis undique condecoratum habens. (3) *Serpens terreſtris*: ut *Aſpis*, qui eſt ſerpens venenoſiſſimus, ob aſtutiam decantatiſſimus, morſum habens immedicabilem: unde de hoc explicatur, quod vulgo de Baſilisco fabulantur authores: Et *Vipera*, quæ

eſt

est serpens terrenus, maculis fuscis plenus, vivos pariens catulos, ipsâque experientia refutans fabulam, quæ dicit, viperam fœminam in coitu enecare marem, & ipsam à fœtu enecari iterum. Sic & *Salamandra* non, ut creditum est, in igne vivit, sed eum extinguit.

AXIOMATA.

I.

GRatior aliquantum forma serpentis ante lapsum, & homini citra terrorem offerens sese, nunc post lapsum turpis, fœda & cum terrore præsente conjuncta: Humi enim reptio, disertis verbis, uti pœna irrogatur serpenti. Gen. 3.

II.

A Natrice deorsum pedibus suspendere crudele & simul inutile est remedium.

III.

An verum sit, quod *Andreas*, author Græcus, tradit, manus aut vestes Salamandræ sanguine inunctas igne non aduri: nescio.

CAP. XIX.

DE INSECTIS.

PRÆCEPTA.

I.

INsectum est animal Brutum, quod corpus ruditer articulatum habet.

II.

Suntque alia (1) *Alata* & per aërem volantia: ut apis, fucus, musca, vespa, crabro. (2) *Aquatilia*: ut Hirudo & tippula, hippocampus, eruca marina, pediculus marinus, pulex marinus, vermis & lumbricus marinus. (3) *Terrestria*: eaque iterum sunt vel *Gressilia*,

silia, ut araneus, formica, pediculus, pulex, cimex, gurgulio, blatta, gryllus: vel *Reptilia*: ut omnis generis vermes; puta bombyx, eruca, lumbricus, tinea &c. sic quoque peculiare quoddam *vermiculorum genus quod lapides excavat atque corrodit*, observatum Microscopio, vide ad Ephemer. Erudit. 32. Anni 1666. p. 469. sic *Lampyris* vel *Cicindela*, noctu fulgorem tam clarum emittit, ut ad illum etiam literæ majusculæ legi possint.

AXIOMATA.

I.

APes ex putrefactis tauri carnibus nasci, non est verisimile.

II.

Quin & dubitamus, an his, quæ de crinibus mulierum in vermiculos conversis; aut de serpentibus ex cadavere serpentis prodeuntibus refert curiosissimus *Kircherus*, experientia respondeat: cum ne quidem ex cadavere vermes nasci, nisi fortè eorum semina aliunde accesserint, sit rationi congruum; omnia enim viventia producuntur ex semine.

CAP. XX.

DE ZOOPHYTIS.

PRÆCEPTA.

I.

ZOophyta quæ dicuntur Græcis, Latinis *Plantanimalia* appellantur; suntque bestiæ imperfectæ, quæ plantarum instar immobiles sunt, certoque adhærent loco, interim tamen animalium more se contrahunt, & ad contactum quasi refugiunt.

II. Sunt,

Suntque alia (1) *Aquatilia*; ut ſpongiæ marinæ, vertibula, pollicipedes, holothuria, uva marina, manus marina, pulmones marini, urtica marina. (2) *Terreſtria*; ut arbor pudica, aſthynomene herba, & frondes arboris in Inſula Civibubon, quæ in terram lapſæ ſe movent reptione quadam. (3) Alia ſunt *mobilia ſecundum* locum; alia ſunt *immobilia*, ut illa quæ lapidibus affixa ſunt.

AXIOMA.

AN hoc, quòd Zoophyta ad contactum quaſi refugiunt, & ſe contrahunt; item puncta dolere videntur, eumque dolorem contractione ſui declarare; ſufficiat, ad probandam eorum animalitatem, dubitamus.

TRACTA-

TRACTATUS QUARTI
PARS TERTIA,
DE
HOMINE.

CAPUT I.
DE NATURA HOMINIS.

PRÆCEPTA.

I.

H*Omo* est Animal Rationale.

II.

Partes ejus *essentiales* sunt *duæ*: nempe, Anima Rationalis & Corpus Humanum.

AXIOMATA.

I.

H*Omo*, ut *omnium creaturarum nobilissimus est*, ad cujus utilitatem cætera omnia sunt facta; ita *corporis & omnium partium structuram, præ aliis animantibus elegantissimam & pulcherrimam habet*: ut adeò rectè mensura & regula sit corporum naturalium omnium, non quidem ratione cognitionis, sed ratione perfectionis.

II.

Non probantur nobis authores illi, sive recentiores, sive veteres, qui Homini præter Animam rationalem alium adhuc *Spiritum essentialem, tanquam tertiam Hominis partem* superaddunt: cùm illud commentum & Naturæ & Scripturæ sit ignotum.

CAP. II.

DE ANIMA RATIONALI.

PRÆCEPTA.

I.

Anima Rationalis, in se considerata, est substantia spiritualis & immortalis: considerata verò in ordine ad corpus organicum seu vivens; Anima Rationalis *est Forma Hominis*, quâ est, intelligit & vult.

II.

Facultates ejus *principes* & spiritales sunt Intellectus & Voluntas.

III.

Quod ad *originem* ejus spectat: primo quidem Homini, videlicet Adamo, Anima Rationalis fuit immediatè à Deo inspirata: post hunc verò, adeoque adhuc hodiè, animas liberorum cum semine propagari ab animabus parentum, non tanquam à materia, sed tanquam à causa efficiente; accedente præsertim singulari quadam operatione Dei, plus operantis circa Hominis generationem, quàm operatur circa generationem Brutorum vel quarumcunque aliarum rerum naturalium; valdè est verisimile.

IV.

De Sede Animæ in corpore, probabilissimam, & sine dubio etiam verissimam sententiam existimamus eam, quæ statuit, Animam Rationalem totam in toto corpore, & in qualibet corporis parte residere: primariam tamen ejus sedem esse *cor*, probatur ex eo, quod anima cogitet in corde: unde & Christus Matth. 9. v. 4. & Marc, 7. v. 11. cogitationes in corde fieri asserit. Quin & cogitationes cordis dicuntur figmenta. Genes. 6. v. 5.

AXIO-

AXIOMATA.

I.

COgitantes, nullius penè rei magis vagam esse & incertam notionem quàm ipsius animæ; *Non credimus facilè, post Deum Animæ naturam perceptu esse facilem:* cùm in doctrina de anima planè cæcutiamus.

II.

An *Animæ Rationalis Definitio, quâ dicitur cogitatio*, cum regula: omnis legitima definitio debet constare genere proximo & differentiâ specificâ, possit subsistere, dubitamus.

III.

Animam Rationalem esse veram Hominis Formam, cum Magno *Maresio* statuere non erubescimus; quòd non existimemus esse infra dignitatem animæ rationalis, uniri eam cum corpore per modum formæ informantis, adeò ut per illam Homo sit Homo, & à Brutis distinguatur. Quamvis enim remaneat & existat extra corpus, quamdiu tamen corpus incolit, non est illius hospita modò, sed forma propriè dicta, quæ à corpore dependet subjectivè, non quoad esse, sed quoad suum formaliter operari; prout corpus ab ipsa dependet terminativè: *Quod* enim *corpus sit humanum, non beluinum, hoc habet ab anima rationali.* Vid. Cl. *Maresii* Disp. de Anima Rationali Primam §. 10.

IV.

Homo, cùm sit velut centrum utriusque naturæ, spiritalis nempe & corporeæ, & quasi totius universi compendium, idcircò & *Anima Rationalis medium quasi locum inter naturas spiritales & corporeas est nacta:* In se ipsa enim subsistit & vivit, instar Angeli; & tamen vitam corpori communicat, idque verè informat, quod ipsum cum formis Brutorum habet commune.

V.

Quemadmodum Animæ Rationalis immortalitas, rationibus è naturæ libro derivatis haud difficulter probari, juxta Scripturæ testimonium Ecclesiastæ 12, v. 7. poterit: Ita, quòd anima debeat aliquando cum suo corpore reuniri, non perinde constat à rationis instinctu, sed solius fidei est articulus.

VI.

Probabilius est, in Homine unam & indivisibilem esse animam, quæ vegetatricis, sentientis & intelligentis animæ functiones exerit, quàm, quod in eo præter animam rationalem detur etiam vegetativa & sensitiva.

VII.

Intellectum & voluntatem non re, sed ratione tantùm aut cogitatione ab anima distingui, pulchrè docet *Scaliger* Exerc. 307. Sect. 15.

CAP. III.

DE INTELLECTU.

PRÆCEPTA.

I.

I*Ntellectus* est Facultas Animæ Rationalis, cujuslibet entis perceptiva; nempe entis tam materialis extensi, quàm indivisibilis: tam singularis quàm universalis: eaque ratione opponitur facultati cognoscitivæ animæ sensitivæ, quæ est tantùm perceptiva entis materialis, extensi & singularis.

II.

Objectum Intellectus est quolibet ens, sive corporeum sive spirituale; sive naturale sive supernaturale; quod intellectus apprehendit sub ratione veri: adeoque *Ens omne est objectum intellectus materialiter; quà verum est, formaliter.*

III. *Etsi*

III.

Etsi autem *Intellectus revera saltem sit unicus, doctrinæ tamen gratiâ consideratur ut varius*; Idque (1) ratione objecti, ubi Intellectus vulgò constituitur triplex: nimirum, ut *Effectivus*, qui fabricat instrumenta disserendi; vel ut *Theoreticus*, qui cognoscit res necessarias: vel ut *Practicus*, qui agit honesta: & ad hunc refertur *Conscientia*, quæ iterum est vel *Bona* vel *Mala*. (2) Ratione modi cognoscendi; ubi Intellectus est vel *agens*, qui commovet actum intelligendi: vel *patiens*, qui species intelligibiles recipit.

IV.

Quod ad *Intellectionem* ipsam spectat, dicitur ea communiter *fieri hoc modô*: Objectum vel per se vel per aliud ferit primò nervum sensorium, qui in cerebro producit sensationem: Feritio illa communicata cerebro postmodum producit in phantasia imaginationẽ seu productionem phantasmatis, mediante quo intellectus producit actum intellectionis: secundùm Axioma: *Intelligentem oportet intueri phantasmata.*

V.

Est autem hæc ipsa *Intellectio* primò *vel* apprehensio simplicium; *vel* compositio & divisio; *vel* discursus. Secundò alia est *directa*, quæ per species intelligibiles perficitur: Alia *reflexiva*, quæ citra species intelligibiles perficitur. Eaque iterum est vel *communis*, quâ res immateriales extra se positas apprehendit: vel *propria*, quâ mens seipsam cognoscit.

AXIOMATA.

I.

SCientiæ habitum magis ad imaginationem quàm ad Intellectum pertinere, vel inde colligi potest: quòd, cùm trita cerebri vestigia, aut vi morbi, aut diuturnitate temporis expunguntur, ita se habeat Intellectus, ac si rem ipsam nullo modo didicisset.

II.

Ut artifex non artis, sed organi, v. g. Cytharæ vitio, interdum artem suam non prodit: Ita *Intellectus semper paratus est ad intelligendum, nec aliquid ei deesse potest præter organum benè instructum.*

Cap. IV. & ultimum.

DE VOLUNTATE.

PRÆCEPTUM.

V*oluntas*, (quæ revera nihil aliud est, quam appetitus rationalis,) definitur communiter, quòd sit facultas animæ rationalis appetitiva boni & repudiativa mali, ab intellectu propositi.

AXIOMATA.

I.

V*Oluntas distinguitur ab appetitu sensitivo*, quòd hic feratur in bona sensibilia, sensu prius percepta: voluntas verò seu appetitus rationalis fertur in bona non tantum sensibilia, sed etiam in bona spiritualia & intelligibilia; puta bonum honestum, quod sub sensum non cadit.

II.

Intellectus non minus quàm voluntas est actionum humanarum principium: neque una sine altera explicari potest.

III.

Quemadmodum nullus est intellectus agens realiter à possibili distinctus; ita revera *omnis actio animæ quà intellectualis est, cogitatione aut perceptione continetur: cogitare* autem vel cognoscere est rem cognitam sibi ex-

exhibere aut repræsentare. Quòd verò format & certâ velut figurâ circumscribit & determinat, hoc *Ideam* vel speciem nominamus: neque ea nobis minus nota est, quàm ipsa cogitatio; nam, si rem cogito, hujus ideam vel imaginem, quæcunque ea sit, mihi videor cernere. Consistit ergò habitus intellectus in ideis seu speciebus intelligibilibus, quæ in cerebro aut intellectu mediantibus sensibus receptæ & fortiter radicatæ, intellectui repræsentant objecta per modum imaginum, ipsumque facilitant ad illorum cognitionem. Atque harum *specierum intelligibilium plurimæ sunt innatæ, non paucæ etiam impressæ, quæ tamen sæpè principia illa communia nobiscum nata præsupponunt.*

IV.

Tandem etiam *voluntatis actiones Elicitæ*, quas voluntas à se producit; ut sunt: velle, nolle, eligere, *ab Imperatis*, quæ sunt, quas voluntas per alia producit; ut sunt: ambulare, quiescere, moveri, *probè distinguendæ veniunt.*

Verùm, uti doctrinam ulteriorem *de judicio & discursu* ad Logicam; doctrinam *de voluntario & involuntario* ad Ethicam remittimus; ita tractationem *de Libero Arbitrio* Theologis relinquimus.

Sitque adeò nunc Deo T. O. M. gloria in excelsis, & hic Synopseos hujus

F I N I S.

Lightning Source UK Ltd.
Milton Keynes UK
UKHW021904120221
378724UK00003B/236